武

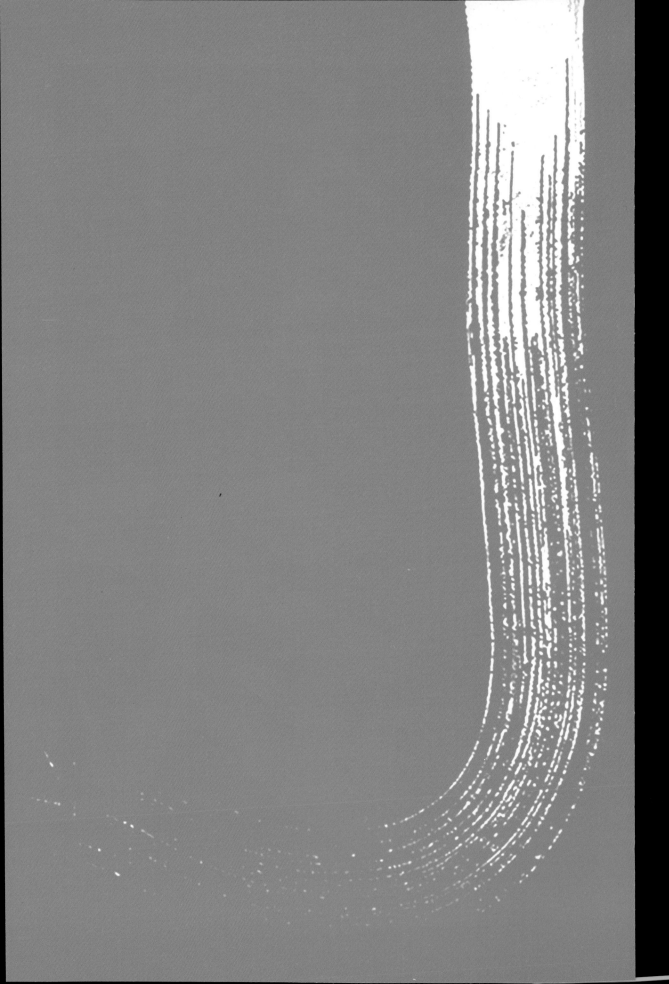

国家出版基金项目
NATIONAL PUBLICATION FOUNDATION

郑跃峰 主编 / 焦宏敏 动作示范

武术中国

少林易筋经

焦宏敏 韩剑云 著

中原出版传媒集团
中原传媒股份公司
河南电子音像出版社
·郑州·

图书在版编目（CIP）数据

少林易筋经 / 焦宏敏，韩剑云著 .—郑州 ：河南电子音像出版社，2018.8（2021.11 重印）
ISBN 978-7-83009-239-9

Ⅰ . ①少… Ⅱ . ①焦… ②韩… Ⅲ . ①易筋经（古代体育）- 基本知识 Ⅳ . ① G852.6

中国版本图书馆 CIP 数据核字 (2018) 第 186382 号

少林易筋经

焦宏敏 韩剑云 著

出 版 人：温新豪　　选题策划：郭笑丹
责任编辑：赵丽洁　　责任校对：李晓杰
装帧设计：刘运来工作室　　造型设计：赵雨琪
摄　　像：林伟峰　徐瑞勋　　视频后期：范丽娜　李沃桐　韩小枝
录　　音：胡　辉　王　珅　　美　　工：张　勇　李景云　郭　宾

出版发行：河南电子音像出版社
地　　址：郑州市郑东新区祥盛街 27 号
邮政编码：450016
经　　销：全国新华书店
印　　刷：辉县市伟业印务有限公司
开　　本：787 mm×1092 mm　1/16
印　　张：8 印张
字　　数：98 千字
版　　次：2018 年 8 月第 1 版
印　　次：2021 年 11 月第 2 次印刷
定　　价：56.00 元

总序

吴彬

中国武术研究院专家委员会委员
国家级武术教练
享受国务院政府特殊津贴专家
中国武术九段
国际武术联合会技术委员会原主任
亚洲武术联合会技术委员会主任
中国武术协会副主席
北京武术院院长

文化是民族的血脉，是人民的精神家园。中华文化独一无二的理念、智慧、气度、神韵，增添了中国人民内心深处的自信和自豪。中华武术是中华传统文化中的重要部分，是弘扬中华文明的重要渠道。说起武术，就不能不提河南，少林和太极，那是享誉全球！

党的十八大以来，以习近平同志为核心的党中央高度重视、关心体育工作，将全民健身上升为“健康中国战略”，推动了全民健身和全民健康深度融合。2017 年 8 月在天津举办的第十三届全运会即将开幕之际，习近平总书记在会见全国体育先进单位和先进个人代表等时强调，加快建设体育强国，就要坚持以人民为中心的思想，把人民作为发展体育事业的主体，把满足人民健身需求、促进人的全面发展作为体育工作的出发点和落脚点，落实全民健身国家战略，不断提高人民健康水平。

河南电子音像出版社出版的这套“武术中国”系列图书自立项以来，就以起点高、形式新等诸多优点，受到广泛关注，并于 2016 年入选“十三五”国家重点图书、音像、电子出版物出版规划，2019 年入选国家出版基金项目。

“武术中国”系列图书底蕴深厚、权威性高，又贴近读者，实操性强。它不仅仅挖掘、整理了我国优秀传统武术文化，而且着力突出武术这一传统文化在健身、提高全民素质上的重要意义，引导读者从健康、健身的视角看待和尝试中国传统武术。这套丛书的作者大多是我国武术界的著名老师，如朱天才、梁以全、曾乃梁等。这套丛书还首创了积木式教学、动作加呼吸的高阶健身方式，以及在传统武术中融入中国古典音乐、书法等元素符号，提高了读者阅读兴趣和出版物品位。所谓积木式教学，就是把教学单元分解为每一个动作对应一个视频，比如陈氏太极拳老架一路有 74 个动作，积木式教学就是把教学分解为 74 个教学单元，读者掌握单个动作后可自主进行套路学习。书中每个教学动作之后附有二维码，读者通过手机扫描二维码可随时在线观看视频。这种方式的教学降低了读者的学习门槛，提升了他们的学习兴趣。

希望这套丛书的出版，能使广大读者深入了解、喜爱我们的民族瑰宝，开启新时代健康精彩的人生！

吴彬

序

本如法师

少林寺禅堂首座
终南山静业寺方丈

菩提达摩大师为南天竺香至王的三王子，刹帝利种姓，其神慧舒朗，闻皆晓悟，至存大道，故发愿出家，续佛慧命，传佛心灯。值正教陵替，见中国之大乘气象，大师遂远涉山海，游化汉魏，于少林寺后石洞面壁九年，感神光慧可立雪断臂之精诚，示予安心，便授禅法，及易筋、洗髓二经。大师西归后，可携《洗髓经》云游天下，藏《易筋经》于少林壁中。洗髓、易筋乃修炼心性、强筋健体之绝学，少林弟子视如珍宝，无德者不传。据载宋代岳武穆得其真传练出神力，方武功盖世。

今者中州焦氏宏敏，现任河南省嵩山少林寺武术馆养生顾问、河南少林武术学院院长，自幼拜师上素下喜老和尚学习禅武医技能，得易筋经之真传，武功医术颇具功力，其于拨筋点穴按摩、教授武功济世利生之外，以自之所学心得，著《少林易筋经》以利世，故索衲写序。衲及住山之人，亦曾栖心少林寺修习禅法，虽研读二经也未得究竟，然睹其真心力作，也难能可贵，特为序，贻笑大方了。

本如于少林寺

前言

中国武术历史悠久，源远流长，少林功夫享誉全球，太极拳传遍天下。少林功夫、太极拳均发源于河南，形式多样、内容丰富、特点突出、风格独特，是中华文化的重要组成部分。它们因体系完整、技术精湛、社会用途广泛而享誉中外。

早期社会中的各类防守、攻击等形式，在中华文明发展过程中，逐步演化为少林、太极等强身健体的武术文化。随着中华文化在世界范围内的传播，武术文化逐渐走向世界。少林武术与太极拳在海外均有大批爱好者，其中有些爱好者不远万里来到中国，探访少林寺与陈家沟，拜师学艺，传播武术文化。

2020 年 12 月 17 日，联合国教科文组织保护非物质文化遗产政府间委员会会议宣布，将“太极拳”列入联合国教科文组织人类非物质文化遗产代表作名录。太极拳，正式成为世界非物质文化遗产的一分子，成为我国传统武术类非遗项目中唯一的人类非物质文化遗产，也是我国第 41 个列入联合国教科文组织非物质文化遗产名录的项目。

“大道之源，法式于地，取象于天。” 太极拳成功申遗，是太极文化乃至中国武术文化进一步走向世界的重要里程碑。太极拳蕴含和而不同的文化追求，淡化竞争、和睦相处的交往智慧，倡导互利共赢的价值观念，将在全球跨文化传播中发挥更加重要的作用。武术作为我国优秀传统文化，是文化自信的重要组成部分，也是中华文化“走出去”的重要内容。

河南电子音像出版社长期致力于武术文化的宣传和推广，出版过大量的武术精品，以百集“中国民间武术经典”为代表，其在国内外发行之后，深受广大武术界人士的欢迎和好评。此次“武术中国”系列出版工程，以中国博大精深的武术文化为核心内容，邀请诸多武术名家从少林武术和太极拳以及其他拳种的历史演变、风格特点、文化特点、养生健体功效、传世歌诀、套路概述、拳术套路、器械套路等方面详细阐述，以此普及传统套路，挖掘稀有套路。

“武术中国”系列于 2016 年入选“十三五”国家重点图书、音像、电子出版物出版规划，2019 年获得国家出版基金扶持。这套丛书的出版发行，将有力促进中原武术文化的发展和繁荣，对传播、推广、弘扬我们的国粹，传承中华民族的优秀武术文化，起到巨大的作用。

需要指出的是，本套书中详注的图片分解动作是针对入门者而言的基本动作，而视频演练者都是精熟于这些动作的武术行家，他们演练动作快速连贯、行云流水，从而有个别动作在幅度、速度等方面与书中静止的图片分解动作或存在些许出入。初练者在长期反复地练习后，也能做到熟能生巧、灵活运用。

本丛书在编写过程中，得到中国武术协会副主席吴彬先生的大力支持，主编李惠女士、郑跃峰先生为丛书编写也付出了巨大努力，我们表示衷心感谢！参与丛书编纂的各位作者、演练示范者、编辑、校对等，参与视频、图片摄制的各位同仁，对于大家的辛苦付出，在此一并致谢！

编者

目录

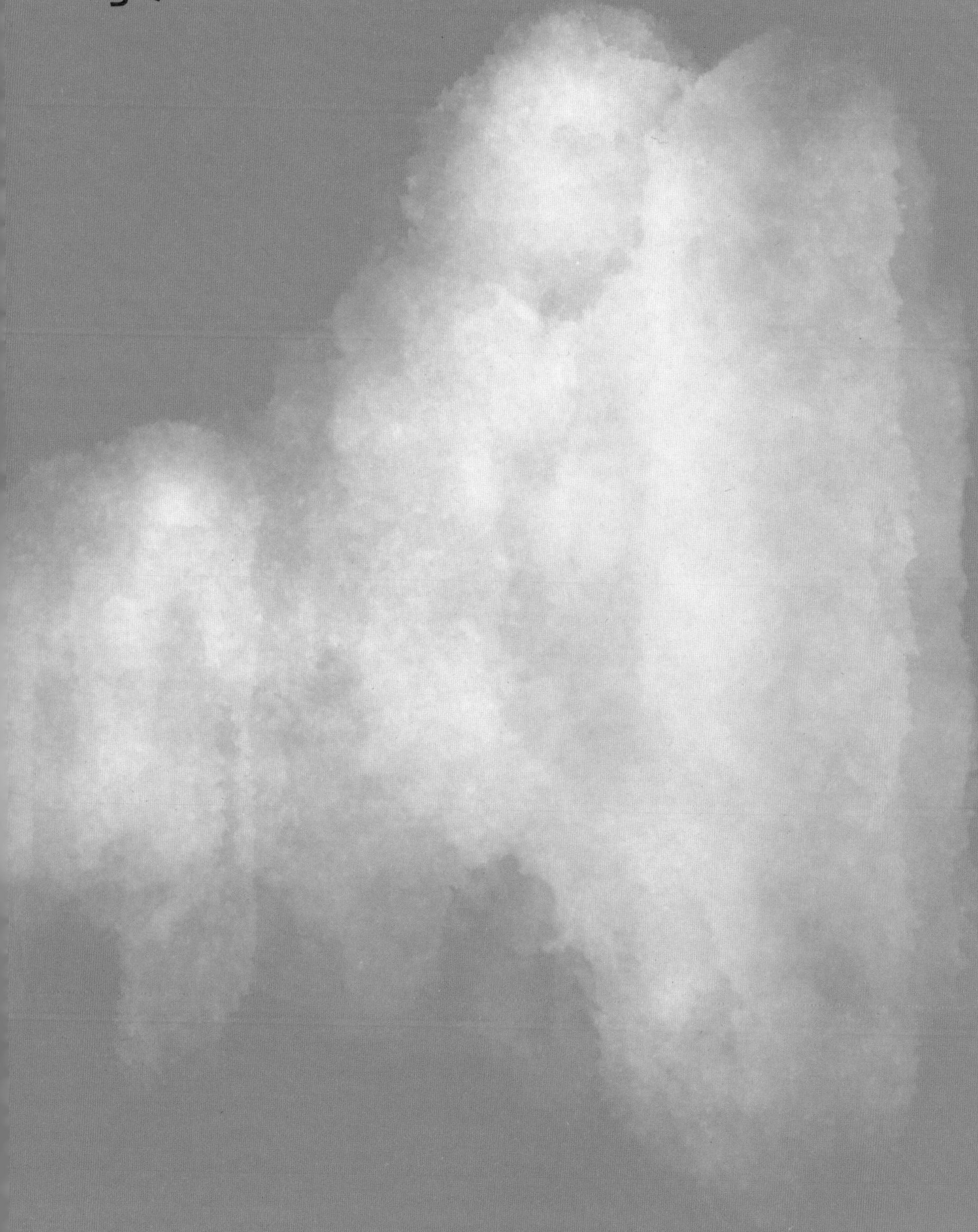

少林易筋经

001 第一章 易筋经的起源与发展

003 一、易筋经与少林寺
007 二、《易筋经》作者
007 1.《易筋经》源于达摩僧人
010 2.《易筋经》源于天台紫凝道人
011 三、《易筋经》内容流变

015 第二章 易筋经的养生说

017 一、以动养身
017 1. 治肩颈
018 2. 锻炼上肢
019 3. 强心肺
020 4. 健腰强背
022 5. 矫正脊柱
023 6. 锻炼下肢
023 二、以静养心
025 三、以气养元
027 四、以意养神
028 五、以音养情
030 六、以功养生

033 第三章 易筋经的特点

035 一、精神放松，意识集中
036 二、动作舒展，抻筋拔骨
038 三、呼吸自然，贯穿始终
040 四、注重脊柱的旋转屈伸
040 五、用力适度，循序渐进

043 第四章 易筋经动作讲解

045 一、基本手型
045 1. 金刚拳（握固）
046 2. 透风掌
046 3. 般若掌
047 4. 青龙探爪
047 5. 虎爪
048 二、基本步法
048 1. 弓步

048　2. 马步
049　3. 丁字步
050　三、动作图解
050　1. 韦驮献杵第一势
053　2. 韦驮献杵第二势（横担降魔杵势）
056　3. 韦驮献杵第三势（掌托天门势）
059　4. 摘星换斗势
064　5. 倒拽九牛尾势
070　6. 出爪亮翅势
074　7. 九鬼拔马刀势
079　8. 三盘落地势
084　9. 青龙探爪势
087　10. 卧虎扑食势
092　11. 打躬击鼓势
095　12. 掉尾势
100　四、完整示范
101　五、定势图

103　**附录 养生知识**

105　日常养生小知识

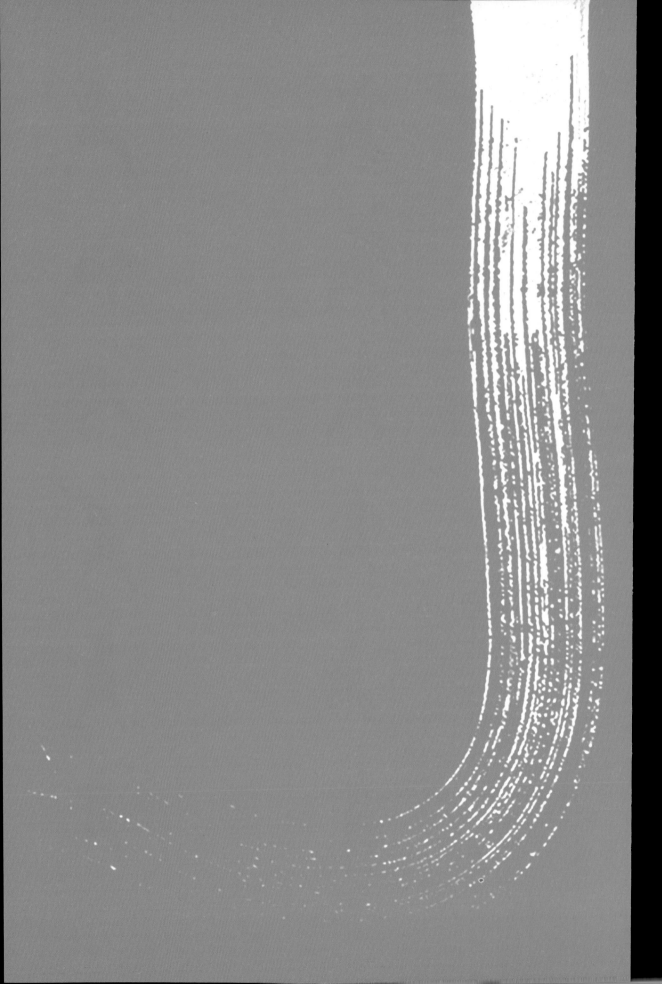

易筋经与少林寺	《易筋经》作者	《易筋经》内容流变

“易”即“改变”，“筋”即“经筋”，“经”即“经典”。

第一章
易筋经的起源与发展

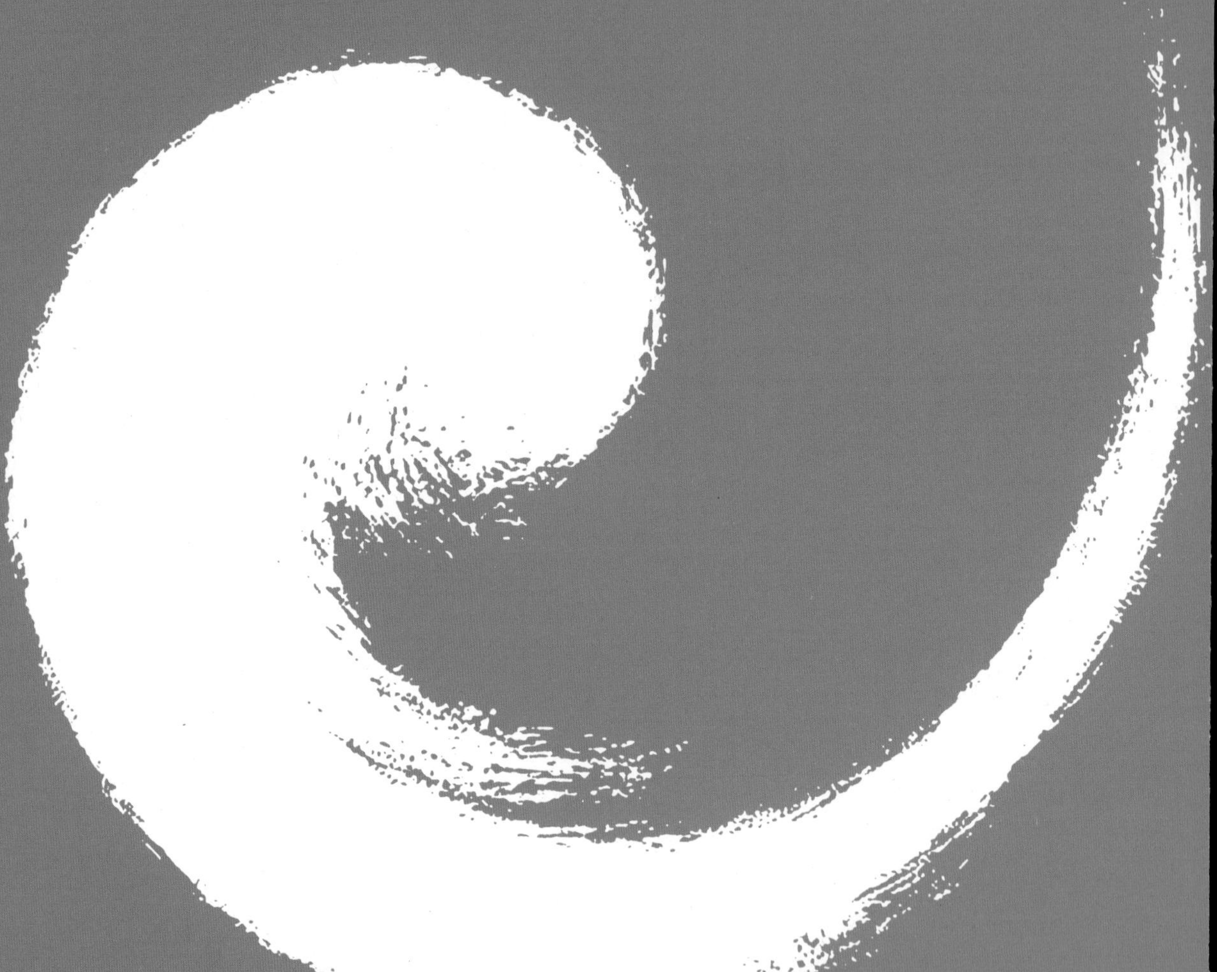

易筋经是我国古代流传下来的功法之一，流传至今已有上千年历史，里面有很多的养生经典。“易”即“改变”，“筋”即“经筋”。就经书本身而言，重点呈现的是易筋经十二势，但这并不代表易筋经的全部。易筋经十二势就是十二个动作，这十二个动作经过长期的积累沉淀，变成了现在广为流传的“易筋经”。

清晚期《易筋经》已广为流传，但当时它的内容究竟是什么，答案并不一致，有人认为是“导引养生专著”，有人则说它是“武林秘籍”。遗憾的是因种种原因，至今对于该经书的理论认识并没有在前人的基础上有所推进，更多的是人云亦云，以致几乎成了一个学术公案。就目前所掌握的资料而言，不同时期的《易筋经》，其内容与社会影响也有所不同。

一、易筋经与少林寺

嵩山少林寺名扬四海，少林功夫至今威慑八方。追溯历史，我们得知明代是少林武术发展的辉煌时期。明代著名的军事家戚继光写了本《纪效新书》，书中记载了很多少林的棍术棍法。当然，那段时期对少林功夫的溢美之词不计其数，例如“夫今之武艺，天下莫不让少林”，这是当时《江南经略》中所写，赞美天下最好的武艺，当数少林功夫。因此，明代的少林寺不但是“禅宗祖庭”的佛家道场，也是习武之人的研修之所，那时少林寺的僧人们不但诵经念佛、习练功夫，也承担着抵御外敌、保家卫国的重任。由于寺僧们对外御敌护国、对内维护统治的入世行为，因此少林寺屡受官府的褒奖。

到了清朝，少林僧人和少林功夫不再被朝廷重用，自此少林寺便退出了政治舞台，这是少林武术在历史上的一个重要转折点。在这期间，少林武术的内容不再满足于仅仅是习练拳、棍、刀、枪等常用武技，少林武术被渲染夸张成各色神奇武功，如银枪刺喉、胸口碎大石等无坚不摧的硬功和飞檐走壁、凌空蹈虚的轻功等，一切与高超武技有关的功夫都与少林有关并被编撰为故事段子流传于民间市井。这些被演绎出的功夫和武侠故事虽然大部分不一定真实，但从一个侧面反映出民间大众对少林武术的崇拜和期许。他们把对现实生活的不满和对未来的希望寄托在这些锄强扶弱的武侠故事和无坚不摧的武术功法中，使自己的精神得到稍许的慰藉和寄托。那么，从明代的“夫今之武艺，天下莫不让少林”演化到清朝“今人谈武艺，曰从少林出”，集中体现了这两个朝代少林武术不同的作用与文化发展。也正是这种历史走向和发展变化，才使健身功夫、养生导引术逐渐发展壮大，成为民间大众逐渐接受和喜爱的健身运动。

从另一方面讲，在历史上，少林武术本身也是一个海纳百川、善于吸收其他技艺的武术文化精神体系。在明代中期，著名抗倭将领俞大猷和少林寺僧切磋棍法，少林寺僧因技不如人而虚心拜教；还有出自少林的刘德长，亦因“自嫌技未至精，又遍游天下，而后有得”。这些都说明少林武术是一个开放性的、不断吸收新鲜技艺的系统。翻检近代以来编撰的有关少林拳谱图籍，少林武术兼容并蓄的特性就更为明显了。纵观各类有关易筋经的书籍文献，既有以呼吸吐纳为特征的导引内功，又有以练指、掌、臂、腿的劲力功法为主要内容的硬功，这从中国传统武术的功法习练和练功要求来讲，都是不可或缺的重要组成部分，尤其是以意和气为主要内容的内家功。传统武术中的内功是一种在呼吸过程中采用以意领气、以气摧力为基本锻炼特征的重要功法。从中国古代体育史的角度来看，气功导引术与武术虽然有着各自的发展脉络，但在具体的历史进程中，两者时常发生交融。气功导引术的功理功法、价值观念和活动方式与传统武术持续地相互影响着，这一现象在明代反映尤为普遍，尤其是在明代中后期，这种交融与影响使古代武术无论从理论上还是技术上，都进入了一个前所未有的发展期。也正是在这一潮流下，在整个社会认同少林武术的同时，人们对易筋经等这类健身养生功法注入了更为丰富的文化内容，形成了一个富有趣味的少林武术文化现象，这也是今天研究少林与易筋经关系的原因之一。

易筋经涵盖的内容非常广泛，它不但是中国易学的传承，同时与中国的功法、中医理论、养生导引之术，以及中国的传统思想都有着各种深厚的关系。记载易筋经的史料不计其数，对于易筋经的起源、发展不断推演出了若干版本，但无论它被谁所创、源流何处、怎样发展、被如何记载，有一点是不可否认的，那就是易筋经与少林寺有着非常密切的关系。比如说易筋经的前三个动作名称“韦驮献杵一、二、三势”中的韦驮，就是佛学中的人物名称，加之有关易筋经的史料中皆提到少林寺，由此可见，易筋经与少林寺或者说佛家有着密切的关系。

易筋经发展上千年，它的功法和理论出自哪里，在学术界有着各种各样的版本。其中一种版本说易筋经出自少林，为达摩所创。究其原因，是易筋经与少林在很多元素上有着同工之曲，当然，少林寺本身也流传出过多版本和样式的易筋经。比如清朝时期有个来自福山的人叫王祖源，他与关中力士周斌同往少林寺学艺，并在光绪七年（1881年）写就《内功图说》，这本书是直接起于嵩山少林寺，书中毫无武功方面的记述，通篇为“去旧生新，充实五脏，驱外感之诸邪，消内生之百病”而以求祛病延年之论。还有一本《增演易筋洗髓内功图说》，是光绪二十一年（1895年）举人周述官所著，相传他在一个叫四得的地方遇到来自嵩山少林的高僧净一空悟，受高僧所传，整理心得，随后著成。

中国近代非常著名的武术史学家唐豪，写过一本书叫作《嵩山少林传习的和汇辑的体操》，其中提到，清代的少林寺以习练武术为主改为以习练导引养生术为主。这样的描述是符合当时社会状态的。明代尚武，同样也是少林功夫发展的顶峰时期，而到了清代，少林寺处于清王朝的压迫统治之下，因此不敢大肆传习武术，咸丰时期被少林称之为“内功”，即为“祛病延年、共登寿域”的导引术，也慢慢流传于民间，成为大众所追求的一种祛病延年之术。这种功法不再讲究力大如牛、快速勇猛，而更追求经脉的畅通、身体的舒适等等。另外，从晚清光绪年间开始，易筋经则频繁出现在武侠小说中，由此可以说明，民间与易筋经发生联系的武功传闻故事，基本与少林有关。虽然武侠小说只是民间的传闻故事，如果从历史的角度出发，这些只能作为文学作品来研读，而不能作为信史引用，但无论如何，这类小说或故事的出现，或多或少也是基于易筋经的特点和历史背景来进行创作的。

这样看来，易筋经之所以与少林有着千丝万缕的密切联系，并且能演绎为少林武功各色传闻故事，最主要的在于其文化背景。易筋经假托达摩之名，又借助少林之名，这些都激发出易筋经与少林之间的文化联系，以及不胫而走的社会影响力，从而使易筋经有了更加广泛的宣传平台。

二、《易筋经》作者

《易筋经》到底为谁所创？民间流传版本各异，众说纷纭，那么本书只能从近代的书籍文献中探究一二。在查阅资料的过程中得知，《易筋经》作者较为普遍的说法有两个：一个在上文中提及过，是南北朝时的少林创始人天竺僧达摩；另一个很多人可能不太熟悉，是明代天启年间天台紫凝道人宗衡。下面，我们就针对这两种说法进行简单的介绍。

1.《易筋经》源于达摩僧人

唐代李靖曾写过一篇“序”，这篇“序”为我们勾画了易筋经自南北朝至唐代的基本传承脉络，讲的是在后魏孝明帝太和年间，来自印度的僧人达摩从梁一路行至魏（今从江苏南京到河南开封地区），后又到了嵩山少林寺，便停在那里面壁修炼。有一天，他对弟子们说：“你们把我传授给你们功夫后的习练心得告诉我。”于是，众弟子便将习武体会汇报给师父。达摩听后说道：“你们有的得到了我的肉，有的得到了我的皮，有的得到了我的骨头，唯有慧可，得到了我的精髓。”高僧达摩面壁九年后便羽化了。达摩圆寂后，弟子们便在他面壁的地方立碑纪念，后来因年久失修，又经历风吹雨淋，石碑有些破损。待少林寺僧人重新修葺石碑时，发现壁内有一铁盒，没有上锁却无法打开，一僧人思索后用火烤盒子缝隙，最后打开此盒，原来这个盒子是用蜡给封住了。盒内装有两卷经书，一卷叫《洗髓经》，一卷叫《易筋经》。其中《易筋经》大致的意思是人的髓骨、皮肉之间，都是由筋络相联系着，凡是后天进行的气血运行、营养输送都是经络在起作用，借助身体的假体来修炼无形的真身。而要达到这种目的，就需要好好修炼易筋经这种功夫。后来，达摩的《洗髓经》连同袈裟和化缘的用具，传给了慧可以及亲信的弟子以保持门派传承，而《易筋经》留在少林寺，作为镇寺之宝。但是，《易筋经》的文字皆是梵文，少林寺僧人无人能译，只能零散领会十分之一二,于是僧人们就按照各自的领会进行习练，显然这样的修炼并不能掌握其核心。据传，在少林寺的众僧之中，有一小僧聪明超凡，他认为达摩既然留下这经卷，那就绝非是这浅显的功夫，目前寺中无人能译，但世上一定有人能把它翻译出来。于是他便怀揣《易筋经》四处游访，走遍名山古刹。一日，这僧人来到四川峨眉山，遇到一位名叫般刺密谛的印度高僧，就向他提到这部经，并说明想请高僧翻译，这位印度高僧说："佛祖历来是讲心传的，不把经文公布于世。要说这经文不可翻译，是因为佛理深奥玄妙，不好用一般语言文字来表述；要说它又可以翻译，却因为此间道理，皆适用于俗人与圣人。"在僧人的一再要求下，般刺密谛对经书的每个字句进行了翻译,并且让这位少林僧人留在峨眉山，按易筋法修炼。经过一百天，僧人体内真元凝固；又过了一百天，体内真元充实周布；再过一百天，体内真元把四肢百骸都疏通畅达了，得到了所谓的金刚坚固身，从此进入佛性的大圆通、大光明境界。可以说这都是得益于易筋经。这位少林僧人志向坚定精诚，一直跟随印度高僧，云游仙山佛地，行踪不定。

多少年来，这“序”中的故事传至现今，无论对少林寺诸僧还是民间大众都造成了很深的影响，于是这篇“序”也成了《易筋经》《洗髓经》为达摩所创的重要依据。

那么，当真人们对于《易筋经》的这种来历没有任何疑义吗？许多史学家在“序”中找到了许多蛛丝马迹来印证“序”中的内容并不完全真实。例如：在“序”中记有“唐贞观二载”的字样，但根据史书记载，唐代除明皇天宝和肃宗乾元间曾把“年”称为“载”外，其他所有年号均称“年”。再例如：“序”中提到《洗髓经》后来传给了达摩的徒弟慧可，其中有句话是“初至陕西敦煌”。可是，在后魏时期，敦煌怎么会属于陕西呢？所以，由此推断，“序”中事情并非完全真实可靠，一定程度上存在有臆想的成分。

民国时期，在对待《易筋经》作者的问题上存在两种不同观点。1919 年出版的《中国体育史》，在没有任何文献的支撑下讲《易筋经》的著作权归于达摩，由于该书是研究中国体育史的首部专著，所以在社会上产生了广泛的影响，至今仍有人坚定地认为《易筋经》为达摩所创。但同时，也有一些史学家对此产生怀疑，其中就包括民国时期徐哲东和唐豪两位先生，他们认为“序”中提到的翻译《易筋经》的印度僧般刺密谛，所生的年代与“序”中描述不符。从对“序”的质疑，到依据具体内容剥离相关迷雾，无论如何都是在研究《易筋经》作者是何人的问题上的一大进展。

20 世纪后期对《易筋经》作者的讨论，始于 50 年代，到 80 年代最为热烈。在 1958 年人民体育出版社出版的《中国体育史参考资料》第 4 辑中，刊登了唐豪撰写的《旧中国体育史上附会的达摩》一文，关于《易筋经》作者，文章一方面坚持他对达摩是创始人的学术观点的质疑，并且批评了近代以来一些体育理论家因因相袭的达摩旧说：“对于附会神仙和佛祖所传的体育史料，大多不实事求是、认真加以考证，把后代的体育史料当作前代的体育史料，把附会的人物当作体育方面的历史人物。”同时，他认为“历史是一门分析史料的科学，必须用辩证唯物的方法从根本上分析史料入手”。另一方面，他明确提出了《易筋经》乃明代天启四年（1624年）由天台紫凝道人所著的观点。

2.《易筋经》源于天台紫凝道人

目前，较早提及“天台紫凝道人”的文献资料一共有三部：第一部是郑振铎先生捐献给国家图书馆古籍部的明抄本《易筋经义》，第二部为台湾图书馆藏述古堂钱遵王抄本《易筋经》，第三部是周中孚的《郑堂读书记》。但令人遗憾的是这位“天台紫凝道人”极其神秘，无论哪一份资料都未注明这位道人是何时出生、何许人也。

如前文所言，在20世纪50年代中国著名的武术历史考古学家唐豪先生提出《易筋经》实为明代天启四年（1624年）由天台紫凝道人所著，那么，他提出的这一说法到底有何依据？支撑《易筋经》作者是天台紫凝道人的具体文献又是什么？这个天台紫凝道人究竟是谁？

1917年，上海大声图书局出版了一本名叫《少林拳术精义》的书，但实际上它是各类文献汇辑而成的一个易筋经增演本。这本书摘录了嘉庆十年祝文澜写的一篇“序”，同时也有明天启四年署名为天台紫凝道人宗衡写的“跋”（唐豪提出的《易筋经》作者为天台紫凝道人），所以后来不少人所谓的“紫凝道人宗衡”，就是由此而来。

有关天台紫凝道人，无论是文献书籍还是正史野史均不见记载此人。但提起“天台”尚有资料可证。天台是一个地名，据考证位于浙江东部，这个地方四面环山，在县城西南的那座山，因为天台宗创始人智颚大师在此经常诵经，而变得紫云环绕，所以将它取名

“紫凝山”。《天台山方外志》一书把这山称为“紫凝峰”，山中有紫凝瀑布，被一些人称为天下第十七泉，该地目前尚设有名曰“紫凝”的行政乡。

2007 年 1 月，当代易筋经史学家周伟良专程前往坐落于紫凝山的新丰村进行田野调查。据村民讲，原先这个地方的佛、道两教香火很旺，尤其是道教，从祖辈开始这里就有“千僧万道”之说。另外，这紫凝山的山际险要处，还现存有“紫霄道院”的旧址，据当地老辈人说，20 世纪 40 年代，还见有道士居住。由此看来，在“紫凝道人”名前加“天台”两字，并非空穴来风，但天台紫凝道人是否为明天启年间人，以及其俗名是否叫“宗衡”，目前尚无任何资料考证。眼下许多论著都言“据考证《易筋经》的作者是宗衡”，但不知何据。可以说，《易筋经》的作者到底是谁，依然有待确切资料的发现。

三、《易筋经》内容流变

首先，我们来看一下国家图书馆所藏西谛本《易筋经义》的主要内容。此书成书年代大致在明中晚期，按照练功的用处，基本可分三部分：（1）强身延年的导引功法；（2）克敌制胜的武术功法；（3）鏖战求嗣的房中术。总的来说，第一部分是练气。如书中的“膜论”里明确提出了“修炼之功，以气为主”；再如“内壮论”所写的“须含其眼光，凝其耳韵，匀其鼻息，缄其舌气，四肢不动，一念冥心，存想中处，先存后忘，渐渐至于如如不动，是名曰守”；还有如“日精月华”中的“宜初出时，登高默对，调匀鼻息，细吸光华，令满口，闭息凝神，细细咽下，以意送之，至于中宫，是为一咽”，以及“诸月行功法”等。第二部分主要记述了有关武术功法的习练原则与方法。在原则上，一是强调先练气内壮，“内壮既熟，骨力坚凝，然后方可引达于外。盖以其根在内，由中达外，有本之学也”；二是要求练功开始必须以轻为主，然后渐渐加重，并持之以恒，“唯有恒者，乃能学用之，唯有信心，乃能取用之”。而练功方法大致分为：排打功，用木杵、木槌或盛以圆石的袋子对全身进行拍打，使皮肉筋膜坚壮；掌臂功，先以意领气，使任督二脉气充，遍满全身，然后用装有石头的袋子从肩至指依次拍打，百日后能使“骨中生出神力，久久加功，其臂、腕、指、掌，迥异寻常，以意努之，硬如铁石，并其指，可贯牛腹，侧其掌，可断牛领，努其拳，可碎虎脑”；指功，将豆拌置斗中，以手插豆，不计遍数，如此功久，则以积之气行至于手，其指坚如铁石，以之御物，莫能挡之。第三部分的房中术内容在全书比重不多，主要见于“阴阳配合论”和“下部行功法”。

其次是述古堂本《易筋经》，内容上比西谛本多了“用战”外，其“下部行功法”中多出以下几句：“先用旧鼎时或养之。养者谓安闲温养，切勿驰骤，毋令惯战，然后能无失也。此功行满百日，久久益佳。弱者强，柔者刚，缩者长，病者康，居然烈丈夫矣。虽木石铁樋，吾何惴哉！以此鏖战，世间应更无勍将也；以此采取，即得京珠；以之延嗣，则百斯男。吾不知天地间更有何药孰大于是？”而“神勇余功”中也多出“稽古大舜，与木石居，匪谤语也”一句。

清道光年间的来章氏辑本《易筋经》，在前两本的基础上有所增演，其增演的内容大致有两个方面。（1）在正文部分添加了“贾力运力势法说”和“十二势图”，也就是现在广为流传的易筋经“十二势图”。

据来章氏本记，“此功昉自释门”。就武术具体功法来说，来章氏本则在原有内容上增加了另一种指功练法，即按自己力量强弱，拣圆形重石一个，用五指抓拿，撒手掷下，不使着地便用手指抓起，逐渐增加抓的次数和石块重量，于是“五指自觉有力”。此外，还增添了沙袋功，方法是初将一个五六十斤重的沙袋悬挂架上，运气后进行掌推、拳击、足踢、脚蹬，“务致动摇”，“迎送日久，渐加沙袋斤重”。（2）增加了包括“玉环穴说”“洗手仙方”和“木杵木槌图”等的《附录》。

总的来说，这些都充分反映出自西谛本始，中继述古堂本并至道光时期的来章氏本，《易筋经》文本内容在明清之际的增益变化。

以动养身	以静养心	以气养元
以意养神	以音养情	以功养生

以武修禅，以武见性；以功立身，以德为人。

第二章 易筋经的养生说

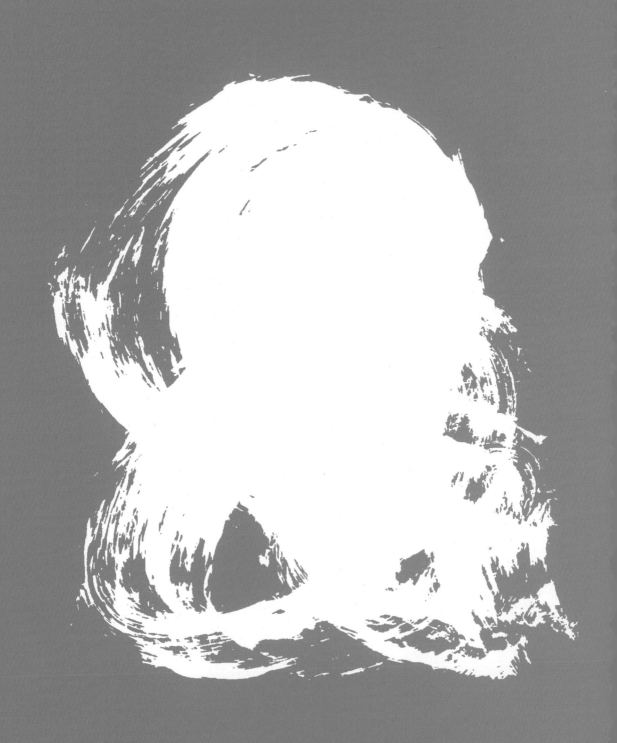

养生，是指根据生命活动发展规律，运用保护生命、保养身体、增进健康、减少疾病、延年益寿的方法来进行的自我保健。本书总结了习练易筋经的若干养生价值。

一、以动养身

易筋经中的每个动作都有的放矢地对人体各部位进行锻炼和强化，以达到锻炼结束后全身各部位均得到适度运动的目的。就易筋经套路动作而言，自收心调身进入中正安适的清静状态之后，便开始了自上而下的肢体运动和内在的脏器运动，易筋经的形体养生价值由此体现。

1. 治肩颈

肩颈部位的亚健康是当代脑力劳动者身体健康的第一隐患，现在颈椎病、肩周炎的发病率逐年递增并呈年轻化趋势。在易筋经动作中，对肩颈部位的锻炼主要表现在“韦驮献杵第三势（掌托天门势）”“摘星换斗势”和“九鬼拔马刀势”中。

“韦驮献杵第三势（掌托天门势）”的动作是原地向上牵拉提引，从而使人体的脊柱和周身肌肉形成上下对拉。双手托天时，为保持身体平衡，必须紧绷上下肢的肌肉，同时打开肩关节，增大肩关节的活动范围，促使肩关节的肌肉得到锻炼，从而预防和改善肩关节长期僵硬而造成的气血不通、酸困阻滞等症状。此外，在动作运动过程中，对颈部也进行了有效的锻炼。托天上提要求头部上顶，而头部的上顶要依托颈部的稳固支撑，这使颈部肌肉得到了锻炼，从而可有效预防颈椎病。最后，“韦驮献杵第三势（掌托天门势）”的整体动作是身体的对拉拔伸，而在这个对拉拔伸的过程中，又使身体内脏和周身的血液得到了挤压与按摩，促进了人体消化酶的分泌和人体内部新陈代谢的健康运行。

在“摘星换斗势”中，头部需从身体一侧的下方向身体另一侧的斜上方扭转，同时也带动腰部及躯干的转动，使意识和肢体的动作相互配合。这样，不仅加强头部的旋转，也使颈部肌肉、肌腱等软组织得到了伸缩和扭转。

“九鬼拔马刀势”要求身体借助手臂的力量进行拧转，其根本目的是对人体的脊柱进行扭转。在运动过程中，小臂置于后脑玉枕穴，手指提拉住异侧耳郭，从而对颈部进行向下的拧转运动。这样，可以通过主动的扭转来矫正脊柱的小关节错位，也可增强每节关节的弹性和韧性，最终起到治疗颈椎病、腰椎病的作用。

2. 锻炼上肢

“韦驮献杵第一势”是易筋经中的首个动作，也就是整套动作的起始，是肢体由静至动，而心境由动至静的开启过程，因此本动作至关重要，起着承前启后的作用。本动作首先要求全身放松，呼吸自然，目光内含，心平气和，这些看似没有肢体运动的动作可理气安神、精神内守，使身体与意识进入习练易筋经的状态当中；然后双臂于体前上起后屈肘下落，同时分别配合吸气和呼气，这简单的起落动作调动了人体手三阴三阳经,使手部的气血得以顺畅运行，简单来说就是通过上肢的屈伸和开合使习练者感受到动作与呼吸的配合，使身体处于一种气血通畅的舒服状态，以此改善神经、调节体液运行，有助于血液循环、消除疲劳。从经络学的角度来讲，手三阴三阳经是人体上肢十二正经中很重要的经络。而在“韦驮献杵第一势”中，从手臂开始，以手臂带动胸、肩进行开合运动，同时意随气动，使周身气血贯通手三阴三阳经，从而带动人体经络气血主动进行新陈代谢。

“韦驮献杵第二势（横担降魔杵势）”是在“韦驮献杵第一势”中上肢的屈伸开合后，对上肢进行更进一步的延展，达到刺激手三阴三阳经的效果。此动作要求两臂向两侧打开，扩展胸腔，可使心肺之气畅通；坐腕拉指至中指、食指微麻，从而延展和刺激经络。这些动作从内加强气血运行，改善呼吸功能，从外锻炼肩部和手臂的肌肉力量，改善肩关节不适。

3. 强心肺

人体的肺部负责呼吸系统的运行，所有的气体都是通过肺部进入人体各个脉络的。近年来空气污染，尤其是雾霾严重影响着每个人的呼吸系统，因此对肺部的锻炼和净化成为人们关注的焦点。除此之外，心脏也是人体的重要器官，心肌的强弱直接导致气血运行的好坏。在易筋经的动作中都强调了呼吸与整体动作的配合，但表现尤为明显的数“出爪亮翅势”和“三盘落地势”。

“出爪亮翅势”要求人的上肢和躯干进行大幅度的伸展运动——伸臂推掌、屈臂收掌、展肩扩胸。而由于上肢动作幅度大，就要求稳固下肢来稳定上半身的动作，于是这个看似只有上半身的动作实则对整个身体的肌肉都进行了锻炼。首先，两臂的一伸一屈、一展一扩带动了胸腔内心脏和肺部的扩展和收缩，进而强健心肌、开阔胸腔，增大呼吸空间，同时预防心脏方面的疾病；其次，躯干的扭转动作，在增强胸背部及上肢肌肉力量的同时，也使内部脏器受到挤压，畅通胸肺之气，从而调节全身气血，推动血液循环，进而对肺部进行锻炼，也能够缓解人体因过度劳累或心烦而导致的胸闷、憋气等不良状况；最后，“出爪”和“收爪”要求意念与动作相互配合，想象出掌如排山倒海、收掌似海水还潮，这样以意导气、以气动身来主导整个动作，实则是对心肺功能进行了锻炼。

在“三盘落地势”的动作中，要求拳背贴于身体背部上下摩运，身体随之起身、下蹲，并且在下蹲时配合呼气、起身时配合吸气，同时身体下蹲时形成了大腿与脏腑的挤压和按摩。通过练习此动作可以调理人体肺经，将人的气息由上至下贯穿于整个身体，饱满丹田，使胸部及腹部充盈有力，增强各内脏功能。

4. 健腰强背

腰部、腹部和背部是人体的重要部位，而易筋经中的任何一个动作，都需要运用人体腰部、腹部和背部的力量，许多动作更是强调以腰带肩、以肩带臂的传递作用。因此，对腰、腹、背的锻炼和保护就显得尤为重要。

例如“倒拽九牛尾势”的动作，要求上肢进行左右扭转，下肢进行前后屈伸，其间通过以腰带肩、以肩带臂的扭转牵拉，再以臂带肩、以肩带腰进行伸臂展身，使人体的每节脊柱通过这种旋拧的方式牵拉回正确的位置，同时增大各节脊柱的空间，增强脊柱的弹性。由于身体前后左右的肌肉均匀受力，体内脏腑全面受到挤压，使肌肉筋膜、筋经进行有效的运动，导引经络气机，调整脏腑机能，促进软组织血液循环，增强肌肉力量及关节活动功能。此外，“倒拽九牛尾势”中通过腰胯的扭动带动肩、手臂、腕关节旋转活动，加上手指、脚趾和腿部的屈伸，人体四肢上下协调活动，来刺激背部夹脊、肺俞、心俞等多个人体穴位，从而达到畅通经络、“行气血，营阴阳，濡筋骨，利关节”的效果。夹脊穴是人体背部非常重要的穴位，它位于背部脊柱的两侧，处于人体躯干正中，可以说贯通了人体的整个背部，同时与人体内部脏腑有着直接的联系。而本动作中的拉拽旋拧迫使背部反复地扩展和夹脊，对夹脊穴产生刺激，进而对相应的内脏器官也进行刺激，最终加强人体内部脏腑的功能。本动作中胸部的拉伸幅度较大，可以有效刺激肺俞、心俞等穴位，这对于心肺疾病具有一定的预防作用。由此可见，“倒拽九牛尾势”的养生功效是通过肌肉、筋骨的运动，使相关经络不断地受到一松一紧的刺激，进而增强身体内气机的运行效果，起到疏通经络、调和五脏、强身健体、防病治病的效果。

“青龙探爪势”的动作分为三个步骤，即探爪、俯身、起身。首先起掌探爪，同时使身体向异侧拉长至背部有明显牵拉感，指、掌、腕、肩及腰部均进行运动，起到刺激背部和上肢经络、横向疏通气血的作用；其次，俯身和起身的肢体动作，分别刺激到命门、肾俞等穴位，从而作用到腰肾，起到滋阴固肾的效果。因此，“青龙探爪势”既增强了上肢关节特别是腕关节和肩关节的灵活性，又有效改善了腰部及下肢肌肉的活动功能，使两肋交替松紧开合，从而达到疏肝理气、调畅情志的功效。

“卧虎扑食势”中要求腰身先加大幅度地后仰折叠，然后集中核心力量再俯身前推。这个动作能够对腰身所对应的骨骼进行拉伸和收缩，改善腰背部肌肉的活动功能，起到强健腰背的作用。既“卧”又“扑”，使躯干加四肢实现了俯仰拉伸，对位于人体背部和腹部的任督二脉进行了伸缩式的刺激，特别是对任脉进行了拉伸。在中医理论中，任脉是总束人体阴脉的“阴脉之海”，它与手、足三阴经及阴维脉多次交会，因此，对任脉的刺激能够促使全身气机通畅。此外，大幅度俯仰运动又是对全身内脏器官的一次挤压按摩运动，使肝气得以激发，从而起到强健腰背、改善腰肾机能的作用。

“打躬击鼓势”是通过食指和中指的拨动对头部进行外动刺激——“鸣天鼓”，带动对脑部的内部振动，同时腰部前屈后又通过抻筋拔骨带动对人体内脏器官的挤压按摩，最终来实现其健身养生价值。首先，“鸣天鼓”的动作是在封闭人体耳部对外的听觉以后进行叩击，然后通过叩击之声对听觉系统进行内部振动，从而刺激周围穴位，这样不但可消除大脑疲劳，还具有醒脑、聪耳的功效；其次，俯腰、体前屈的动作，从生理上可改善腰背及下肢的活动功能，强健腰腿。“打躬击鼓势”与“卧虎扑食势”对于腰部的锻炼正好相反，“卧虎扑食势”的动作以仰身为主，而“打躬击鼓势”的动作以俯身为主。这样，除了对内脏器官起到按摩作用以外，又对人体背部穴位进行了有效的刺激。

5. 矫正脊柱

长期的低头伏案、不正确的坐姿，以及身体长时间左右受力不均等，都会导致脊柱关节错位、脊柱侧弯以及生理弯曲消失等症状。从生理学来讲，肢体及躯干的扭曲、伸展等动作，在增强颈肩部、腰部和背部肌肉力量的同时，也能够提高肢体的灵活性，改善人体各关节的活动功能，牵动全身肌肉进行运动，并且也带动内脏运动。易筋经中的“九鬼拔马刀势”和“掉尾势”等动作，能够对脊柱进行锻炼和修复。

“九鬼拔马刀势”中对背部关节及肌肉扭转和拉伸的幅度比较大，因而牵涉部位面积也非常广，其中就包括对脊柱的伸拉锻炼。脊柱是人体督脉的通道所在，它的两侧分布着与人体内部脏腑相联系的背俞穴。在经络学中，背俞穴并不是独立的穴位，而是人体内脏器官与体表相互联系的终端，是同类穴位的通称，内部脏器对应的各背俞穴是调节人体脏腑功能、促进人体内外之气贯通的重要穴位。因此，通过习练者的扭转运动，尤其对背部的拉伸扭转动作，会对这些穴位进行有力的刺激，使督脉气机通畅，最终起到矫正脊柱的作用。

“掉尾势”要求在保持下肢前屈状态下，扭转颈部以目视臀，首尾呼应。这个动作不仅锻炼了两侧脊柱，也锻炼到了人体脊柱平时不易活动到的部位，从而调节脊柱两侧侧弯，增强腰背部两侧的肌肉力量，对于扩大脊柱的活动范围具有很好的促进作用，而且也可有效防止生活或运动中的腰部损伤。

6. 锻炼下肢

易筋经中专门针对下肢的动作并不多，但整套功法能够顺利完成，都依赖于下肢的稳固支撑，其中对下肢锻炼比较明显的有“倒拽九牛尾势”和“三盘落地势”。

“倒拽九牛尾势”的动作都是在弓步的基础上进行锻炼，这对下肢以及膝关节是一种静力量的练习，也对下肢的稳固性进行了很好的锻炼。

“三盘落地势”的下肢动作主要体现在蹲起运动，每一蹲起都会循序渐进地增加下蹲力度。这个动作在运动训练中也是比较常见的，这不仅能增强下肢肌肉力量及腰腹力量，又可不同程度地实现人体内部气机的升降、调和，进而促使人体上下气机相交，达到健身养生的目的。

二、以静养心

“静”通常被解释为不动、无声等，而这里所说的“静”不是字面意思或者表象意义上的静，是一种相对存在的静。具体到易筋经功法中，静主要体现在意念的内驱和外驱，简而言之，所谓内驱即是以意导气，所谓外驱则是以意导形。

易筋经包含有十二个动作，在练习十二个动作之前先做一个“预备势”的练习能达到事半功倍的效果。“预备势”就是调整人的肢体与意念进入到一种相对外显活动而言的静态，入静过程中进行调息、调身和调心。这是一个非常重要的过程，同体育运动前要做热身准备活动，以提升肌肉温度来降低黏滞性而防止受伤是一个道理。

易筋经是以静为主、动静结合的健身养生功法，其静本身也是一种运动。因此，入静就是其前期的准备活动，而且这个准备活动能把人体散乱之精气神收元归一，使周身之气形成一体，并配合百会虚领、下颌微收，以使头正身直，脊柱受上领下沉对拉之力而关节松开，任督二脉之气自然顺行，并连接为一，神意内敛，心平气和，达到人体内外精气神归为一体的状态。“预备势”没有肢体动作，其养生价值主要体现在呼吸的调整和精神意识层面，并且对于呼吸有其自身的具体要求。如周身处于静止的状态下，此时的呼吸平和、安稳，不急不躁，目的是使习练者更好地入静、放松，同时促进人体周身血液流动，加强人体的新陈代谢。中医学认为，肺为魄之处，主一身之气，在五行属金，有华盖之称。肺主气、司呼吸，调节脏器气血的周身运行，人体通过肺部的呼吸吐纳，以此实现人体内外的气体交换。肺部的呼吸过程通畅，是其产生气的最主要条件。一般情况下，人体的呼吸是受延髓和脑桥等呼吸中枢神经调控的，此类神经安静则呼吸安静，此类神经兴奋则呼吸也不会平息，便不可求静。“预备势”对身体姿势的调整，就是要习练者由动入静，抑制神经过度兴奋或焦虑，调整到一个无思无妄的清静状态，从而实现呼吸的入静。从现代生理学、解剖学的角度出发，人体的呼吸过程，就是人体吸入氧气，呼出二氧化碳的生理过程。经研究发现，呼与吸的频率、深度、比例及周期等因素，构成了形式多样的调息方式，从而对人体产生不同的影响。比如练武术要求腹式呼吸、练体操要求胸式呼吸等，都是为了配合动作而主动去调整呼吸。

除此之外，对易筋经中的每一个动作，均要求秉承“预备势”调整到的静心状态，在恬静安适的心境下进行锻炼。实验研究表明：“易筋经能够明显改善并增强神经体液系统的调节品质，通过神经体液调节可引发生理和心理效应之间良性的相互关系，有助于良好的心理效应的出现，而良好的心理效应也会更好地促进生理效应的改善。”这其实就是在心静状态下，人体因外物而产生的神经紧张得以放松，促使神经自动调节机制，从而达到养生的目的。

总之，易筋经以意静下的内动引导肢体外在的形动，通过人体的形与意在动与静之间进行沟通配合，从而实现其意静的养生价值。

三、以气养元

我国中医养生理论主张“正气为本”，其“正气”也是通过呼吸来实现的。中医讲血液运行是靠气来带动的，人体在每一次呼与吸的过程中产生带动血液流动所必需的气，进而依靠气的流畅使周身的血液流动通畅。而且，我国传统养生文化中也确有“食气”之法，如今仍有人坚持习练。这些养生之法不但在传统功法中存在，也在许多史书及文学作品中被佐证，如《晋书·隐逸传·张忠》有“恬静寡欲，清虚服气，餐芝饵石，修导养之法”之语，唐代著名诗人白居易的《赠王山人》诗中也有“玉芝观里王居士，服气餐霞善养身”的诗句。

易筋经是一种练气功法，以后天之气培养人体先天元气，进而实现人体养生的价值，也自然成为健身养生价值体系中的重要组成部分。从人体生理学来讲，呼吸带动人体内部与外界气体的交换，人体吸入氧气，呼出二氧化碳，吸入的氧气与血液结合供给全身，维持人体正常生命活动。然而，如果仅仅把以气养生的“气”简单理解为呼吸的气那就太有失偏颇了。在我国传统文化的概念中，气是有许多种的，如元气、真气、精气等，它们各有不同，这个是要加以区分的。在“九鬼拔马刀势”中，通过身体的扭曲、伸展等运动刺激背俞穴，调动并导引真气的运行，促进人体脏腑功能的协调有序，气机升降和畅。而且在此动作的前后两个动作的编排上也颇有讲究，前一动作注重人体气机的开合与出入，后一动作则是着重人体气机的上下升降。由此便可说明易筋经中的气并不是完全意义上的呼吸之气，健身养生之人需要分清。

那么以气养元具体到易筋经功法中，是在对呼吸的要求和运用中体现出来的。在习练易筋经的初期阶段，当对动作还较为陌生时，对呼吸的要求就是自然呼吸，待习练到一定的阶段后，呼吸则要求“沉静稳定、匀细深长”，行气中要求“气沉丹田”“气宜鼓荡”，要尽量地与肢体的开合相结合，与意识相结合，而且在相关动作紧要处，还要特别强调呼吸方法。如在“掌托天门势”中要求双手上托时自然吸气，下落时自然呼气，因为托天时整个身体呈上下拉伸状态，这时配合吸气可以锻炼到腰部力量，下落时配合呼气则可使体内气体最大限度地释放，而且也使关节更加放松，此时若反其道行之，进行吸气，则会使关节紧张达不到放松；再如在“出爪亮翅势”中也要求推掌时自然吸气，收掌时自然呼气，按照“推吸收呼”的规律进行习练；而在“卧虎扑食势”中还要求呼气发“哈”音，有利于排出体内浊气。习练易筋经时要有意识地配合匀细深长的呼吸，以此实现易筋经的健身养生价值。如果在习练易筋经时不加入有意识的自然呼吸，那整个易筋经的动作就会变成一套毫无意义的肢体操，其健身效果将会有天壤之别。

从生理学上来讲，当人体进行缓慢、深长的吸气时，气体进入人体腹部，腹部区域就会随之隆起，吸得越深，腹部就会隆起得越高。在人体内部，伴随着腹部的扩张，人体的膈就会向下拉伸。当以同样的方式尽力呼气时，腹部区域又开始缓慢回收，腹部紧缩会把所有气体呼出体外，膈也会随之恢复原位。如果能恰当地运用这种腹式呼吸法，肺部就能运动起来，从而使人体内产生的浊气、废气都能排出体外，进而吸入更多的氧气以供身体使用。同时这种收缩运动也可带动人体肠胃等内脏器官的蠕动，分泌各种有利物质供人体使用。有研究表明，通过长时间的呼吸配合动作，人体相关器官就会形成自动节律性的配合，而达到规律性的收缩和扩张，进而节律性改变胸压和腹压，使人体内脏器官得到运动性的按摩，各处毛细血管也会形成节律性的收放，同时又使呼吸器官本身得到锻炼并增加血液供应。人以气血而荣，气血稳健，身体健康度也便随之增加。而且，通过易筋经的腹式呼吸法，人体呼吸深度、肺泡组织的弹性、肺活量以及胸廓的活动度都会增加，从而增加人体通气量，这样在呼吸频率减少的情况下，呼气量同样能达到人体的生理要求。人体在有意识地进行呼吸配合肢体动作运动的过程中，特别是进行缓慢的肢体运动时，会使大量的人体肌肉群都进行等动收缩的工作，这对肌肉力量的训练是最好的。已有研究证明，等动收缩的肌肉练习对肌肉力量的提高幅度可以达到百分之四十多，而且，像易筋经这样的缓慢肢体运动又可调动大量的小肌肉群，特别是不易运动到的呼吸肌群，这是很多运动所不具备的。所以有意识地在易筋经的各个动作习练中配合相应的呼吸，将更有助于人体呼吸肌的肌力增长，从而起到增强人体呼吸功能的作用。健身气功循古而来，自然不可丢去以气养元的关键部分，易筋经以肢体动作配合呼吸吐纳，把传统单一的呼吸吐纳法纳入健身动作中，又极大地增加了易筋经的养生功效。

四、以意养神

意识是人的一种感觉，是人体客观形态硬件之外的软件部分，硬件只有通过软件才能工作，意识主宰着人的精神、行为和动作，而且在一定程度上也主宰着人的健康。我们都会有种感觉，就是当我们精神愉悦时会觉得自己精力饱满，干什么事都特别有精神；而当我们心情低落时，则会感觉浑身无力，什么都不想干。这就是意识的作用。在武术训练、艺术训练、竞技体育训练时强调的意识训练法也是充分利用的这点。中医里的“精、气、神”理论其实也是强调对于意识的运用，现代医疗方法中也有意识疗法。这些都充分说明了意识对于人的重要性。积极的意识可让人精神高昂、奋发向上，而低落的意识则会让人萎靡不振、日渐消沉。

易筋经中，意识更是重中之重。易筋经的习练者们都知道，在习练过程中，要始终控制自身的意识，不能被杂绪所影响，同时也不能被周边环境所影响，在做到以上内容的基础上还要能以意导形，才能使易筋经的锻炼有效果。如在“韦驮献杵第三势（掌托天门势）”中，双手上托成引体向上的姿势时就要求做到“意想通过天门穴观注两掌”，而且还特别强调的是意注两掌，而不是目视两掌；“三盘落地势”要求做到“张眸意注牙”；在“青龙探爪势”中要目随“爪”走，意要存于“爪”心。

意识的养生价值用现代的科学理论解释还不太成熟，但在我国传统医学理论中早已有大量论述，只不过在传统医学理论中用的不是意识这个词，而是神志、情志等词语。在中国传统医学理论中，认为养生最重要的莫过于形与神俱，形是基础，神是主导，无神则形不能活，无形则神无所生。两者相辅相成，互为支撑，若要养生，二者必须兼顾，不可偏废，才能“尽终其天年”。正所谓“太上养神，其次养形”，这里所讲的神，其实就是我们现在所讲的人的精神意识之意。在《黄帝内经》中也有大量的有关以神为主的养生理论，如“失神者死，得神者生也”“精神内守，病安从来”；还有我们大家都知道的思伤脾、怒伤肝、恐伤肾等理论。这些理论都在强调精神在人的生命活动中的重要作用，在现代医学中所讲的意识疗法其实也是这个道理。

五、以音养情

现有研究成果中不乏易筋经对人的生理、心理等方面产生的积极影响，但却较少关注到音乐在易筋经的养生价值构成比例中所占的比重。

音乐其实就是一种心情的表达，对此，生活中的每个人都会有所体会，只是我们很少有人会专门去研究。在中医理论中，心是主管人的神志的器官，而人的行为举止又由心神主导。一曲恢宏大气的音乐可让人心胸开阔、豪情迸发，而一首清新自然，如自然时光流淌的小曲则可让人心情舒缓、情绪安定，相反，一首低沉哀怨的音乐，又能让人情绪低落、触景生情。这其实也是现代心理学上所说的，以外因来影响内因从而调节人自身心理的平衡，进而达到以音乐促进人体生命延长的目的，也即所谓的养生。因此说，音乐对于调节人的心理平衡具有重要的作用。我国古代就有很多关于音乐养生方面的书籍：两千多年前的中医名著《黄帝内经》中有音乐对人体生理、心理、病理、养生及防病治病的研究记载；《内经·灵枢·邪客篇》中记载"天有五音，人有五脏；天有六律，人有六腑"，并在此认识基础之上，把五音、五脏、五行、六律相互匹配，把五音、五脏和气的五种运动方式相互沟通，建立内在联系，认为五种音调对人体内脏各有其相对应的功效；朝鲜金礼蒙等撰写的《医方类聚》也记述了有关音乐养生的知识，谓"脾好音乐，丝竹才闻，脾即磨矣"，说的是音乐可促进人体消化的道理。现代科学研究也表明，音乐不仅仅对人体心理方面有影响，还可以促进人体生理的反应，如促进人体消化液的分泌，从而增强人体肠胃的吸收功能。另外，从我国传统中医理论来说，传统的五种音调是与五大脏器相对应的，再从传统五行学说来理解，心在五行属火，脾在五行属土，相应的音乐通过人的心情对身体产生相应的情志影响，再由五行的相生相克中火生土的说法便可得出音乐通过心影响到脾的结论。这是音乐影响消化器官的理论分析，其余四音对脏器的影响过程也是如此，都是通过心，也就是今天我们所说的大脑意识作用于身体而达到五音调五脏的效果。《晋书·乐志》有记述："是以闻其宫声，使人温良而宽大；闻其商声，使人方廉而好义；闻其角声，使人倾隐而仁爱；闻其微声，使人乐养而好使；闻其羽声，使人恭俭而好礼。”这些史书的记载，充分说明了音乐不但能影响人类思想的变化，并且也能影响到人类情志的变化。

本书所附的易筋经演练视频配以中国传统古乐，古琴弹拨出的清净、空灵、低缓之音，给人一种静谧悠远的感觉。练习过程中，应当做到心静、体松、意收，再加之古朴、大气、曲调悠扬的音乐，有助于更好地入静，提高易筋经的养生效果。

六、以功养生

对于易筋经的健身养生价值，已有许多专家学者从众多的方面做了详细和专业的研究，其中涉及了人体生理和心理等多个指标，诸如对骨骼的影响，对中枢神经系统的影响，对心血管功能的影响，对血压、脉搏的影响，对呼吸系统的影响，对免疫系统的影响，对

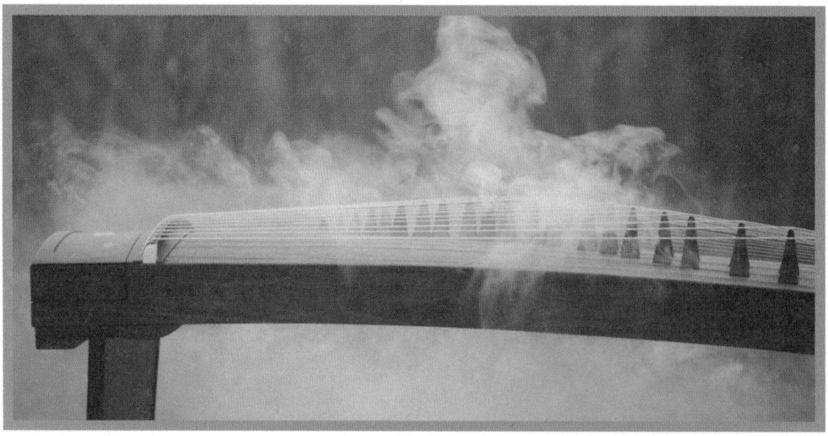

心理状态的影响，以及对身体形态的影响，等等。这些研究从各个不同的角度科学地证实了易筋经对人体养生所产生的积极影响。尽管其具有很高的养生价值，但如果无法与现代生活方式相融合，无法供广大群众运用，那么仍旧是毫无价值的。本书在前人研究的基础上也从动、静、气、意、音等方面对易筋经的养生价值进行了较为详细的分析解读，使易筋经养生功法可以与现代生活方式相结合，

最终真正实现易筋经的养生价值。

所谓现代生活，并没有一个统一的概念，是对与传统生活相比有所不同的现代生活方式的一种称谓，具体表现为高科技产品的广泛运用带来的生活节奏的加快，声、光、电带给人们众多的休闲方式，网络交往取代面对面的交流，繁华的外表却难掩孤单的心灵，各种交通工具和无目的的网络浏览占据了人们的运动时间，繁杂的工作让人心力交瘁，等等。而这些现代生活使越来越多的人处于亚健康状态，对人类的生命和健康都产生着重要影响，传统的健身养生方式，逐渐不再适应现代生活需要。因此，对传统的健身养生方式进行创新发展，才能继承传统、服务现代。

本书在继承传统的基础上，去粗存精，简化为形式简单、健身养生效果明显又方便易行的新功法，使之更适应时代发展的要求，将“内外兼修”的理念融入人们的生活中，从技术上为易筋经与现代生活方式的融合奠定了基础，力求将易筋经的养生方法落实到人们的生活中。习练易筋经时，在动作到位的基础上，更要注意当时自己的精神状态，即内心追求“平静”。正如现代生活中，追求“慢生活”的人越来越多，喜欢瑜伽的人越来越多，其实质都是希望通过对“慢”的追求，进而获得“内心平静”的状态。所以，易筋经给人们带来的是一种对“内外平衡”的身心的追求，通过习练易筋经，将这种“内外和谐”“内心平静”的精神状态融入到生活之中，将是我们最大的收益。

精神放松，意识集中	动作舒展，抻筋拔骨	呼吸自然，贯穿始终
注重脊柱的旋转屈伸	用力适度，循序渐进	

禅为修身术，武为强身技。

第三章
易筋经的特点

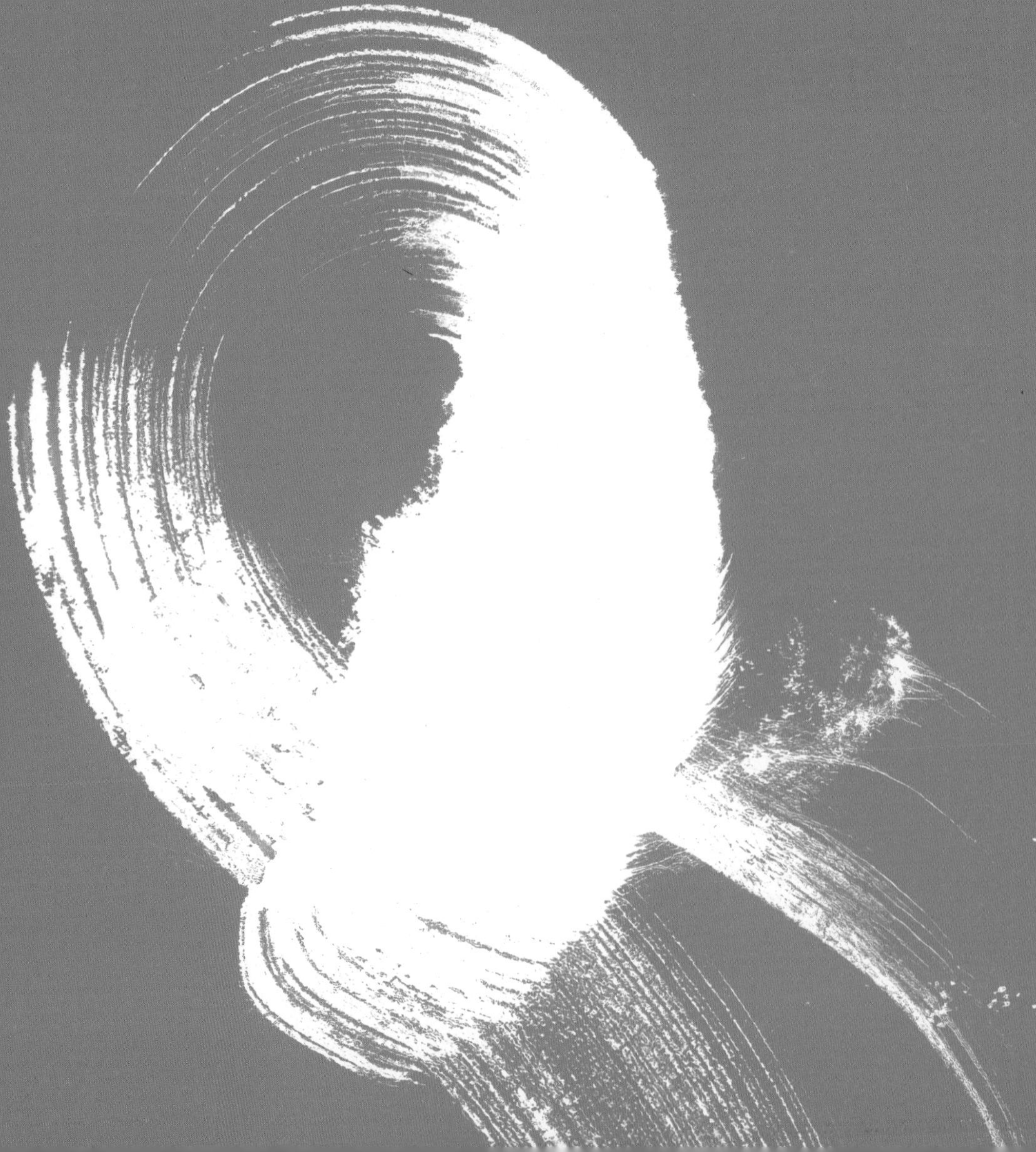

一、精神放松，意识集中

在习练易筋经时，要求精神放松、意识集中，当然并不是意守身体的某个点或部位，而是意随动作的变化而变化。形为神之舍，神为形之主，精神放松首先要形体放松，两者本为一体，相互联系、相互促进、相互制约。而头部的动作对精神放松至关重要。在习练时做到头顶虚领，下颌回收，颈椎保持正常的生理曲度，同时展眉落腮，面带微笑，这样有利于大脑的血液供应，以最大限度发挥大脑的功能，更有利于形神合一、形意合一和形神放松。意为气之帅，气为血之帅，气血是构成人体的基本物质。意念活动是练功的一个部分，所以习练过程中，不要有杂念，要做到意随形走，意气相随，形断意不断。如“韦驮献杵第三势（掌托天门势）”，两手托天时，需要做到意注两掌。据统计，习练者一般在易筋经的前五个动作中能够比较认真专一，但是，当学到了第六个或第七个动作时，就会容易出现注意力不够集中的情况。所以，习练者在习练过程中，自始至终要把握住自己的思想意识，不被其他纷杂的思绪所侵扰，同时还要能调节控制住自己的内心意识不被周边的环境所影响。从形式上看，易筋经是以易筋易骨为主，以形体来导引的养生功法，而从心理调节的角度看，在习练中，如果能有效地调节自己的意识活动，就能影响人体的神经系统活动，而神经系统功能对于调节人体健康非常重要。“达摩西来一字无，全凭心意用功夫”说的就是这个意思。

因此，在习练过程中，要将精神放松、意识集中的功法特点贯穿到十二个动作之中，从而达到“精神内守，病安从来”的健身效果。

二、动作舒展，抻筋拔骨

易筋经功法动作当中，上肢、下肢、躯干做较充分的屈伸、展收、旋转等运动，使人体各关节尽可能呈多方位、广角度的活动，以此“拔骨”运动达到牵拉人体的大小肌肉群、筋膜及各关节处的肌腱、韧带、关节囊等结缔组织的效果，并且在“拔骨”“抻筋”的运动中，动作要刚中有柔，柔中有刚，刚柔相济。易筋经的动作以圆、方、刚、柔、形、势、劲、虚、实、松、紧等为要领并相互转化，要求刚中有柔、柔中有刚，圆中有方、方中有圆，虚中有实、实中有虚，直中有曲、曲中有直，以刺激机体，达到易血、易肉、易筋、易骨、易髓的健身目的。如“韦驮献杵第三势（掌托天门势）”中两手托天，两脚抓地，上下用劲，两头用力，纵向牵拉，通过松中有紧、紧中有松，刚中有柔、柔中有刚，虚中有实、实中有虚的练习，来牵引脊柱，伸展椎体之间的关节，由外及内，达到牵引脏腑的目的。

“筋”指的是十二经筋，是十二经脉外周连属部分。人体是一个以脏腑经络为内在联系的有机整体，而经络遍布全身，是人体气、血、津液运动的通道，犹如网络一样联系周身，将人体所有的内脏器官、孔窍以及皮毛、筋肉、骨骼等组织紧密地联结起来，构成一个统一的整体，并有阴阳之分，各有所系和循行位置。具体来说，经筋主要分布在四肢、躯干和胸廓、胸腔，而不进入脏腑。十二经筋的名称，即依照十二经脉分为手足三阴经、手足三阳经。阳主外，手足三阳的经筋分布在肢体外侧；阴主内，手足三阴的经筋分布在肢体的内侧，并且进入胸廓和腹腔。经筋在周身的分布，都起于四肢末端，上达躯干。太阳、少阴在后，少阳、厥阴在侧，阳明、太阴在前。经筋的分布还有“结”和“聚”等特点。各经筋互相联系，具有通行气血、营卫全身、温养脏腑组织器官、濡利筋骨关节、调

节阴阳平衡、抗御外邪和保卫机体的作用。《易筋经》云：“且云易筋者，谓人身之筋骨由胎禀而受之，有筋弛者、筋挛者、筋靡者、筋弱者、筋缩者、筋壮者、筋舒者、筋劲者、筋和者，种种不一，奚由胎禀。如筋弛则病，筋挛则瘦，筋靡则痿，筋弱则懈，筋缩则亡，筋壮则强，筋舒则长，筋劲则刚，筋和则康。”那么，易筋经的本质就是遵守经脉运行规律，通过改善十二经筋的方法去修炼十二经脉阴阳平衡，其玄妙之处在于通过特定的姿势，也就是通过正确的调身，让整条经筋处于激发状态，从而刺激所对应的整条经脉，使其达到有序的状态，以加强经脉的通导性，实现气血通畅、人体阴阳平衡，进而激发潜能、增强内功。而习练易筋经时，只有每个动作都达到了准确规范，符合经脉循行规律，才能起到抻筋拔骨，舒缩肌肤、血管、神经，滋润骨膜，灵活关节，强身壮体作用。

三、呼吸自然，贯穿始终

“内练一口气，外练筋骨皮”。气机，在中医学中是指气的运动，其主要形式有升、降、出、入。中医学认为，肺主气、肾纳气、肝疏气、脾胃为气血生化之源，又由于气主要是循经络而行的，故气机的正常与否，与五脏和经络的状态均有关。易筋经将练功分为三个层次，即练筋、练膜和练气。练筋必须练膜，练膜必须练气。修炼内气，是练好易筋经的关键环节，是其核心要素。正如《易筋经》原文指出：“夫人之一身，内而五脏六腑，外而四肢百骸；内而精气与神，外而筋骨与肉，共成其一身也。如脏腑之外，筋骨主之，筋骨之外，肌肉主之，肌肉之内，血脉主之，周身上下动摇活泼者，此又主之于气也。是故修炼之功，全在培养血气者为大要也。即如天之生物，亦各随阴阳之所至，而百物生焉，况于人生乎，又况于修炼乎。且夫精气神为无形之物也，筋骨肉乃有形之身也。”文中又云：“务培其元气，守其中气，保其正气，护其肾气，养其肝气，调其肺气，理其脾气，升其清气，降其浊气，闭其邪恶不正之气。勿伤于气，勿逆于气，勿忧思悲怒以损其气。使气清而平，平而和，和而畅达，能行于筋，串于膜，以至通身灵动，无处不行，无处不到。气至则膜起，气行则膜张。能起能张，则膜与筋齐坚齐固矣。如练筋不练膜，而膜无所主，练膜不练筋，而膜无所依，练筋、练膜而不练气，而筋膜泥而不起，练气而不练筋膜，而气痿而不能宣达流串于筋络。气不能流串，则筋不能坚固，此所谓参互其用，错综其道也。”此段文字说的是易筋以练膜为先，练膜以练气为主。

习练易筋经时采用的是自然呼吸法，即无须意识调控而自然地进行呼吸。呼吸中不可强作呼吸，不以气催力或以气助形，而是主动地配合动作进行自然呼吸，以免造成憋气或产生气促的现象，进而导致习练者胸膜腔内压升高，影响静脉血回心，以致产生头晕、恶心等不良现象，甚至对中老年人和体弱患病者的心血管产生不利影响。人体在自然呼吸中，吸气时膈肌收缩，膈顶部下沉，胸腔上下径扩大，同时，肋间外肌收缩，使胸腔的前后、左右径扩大，形成吸气。呼气时相反，膈肌和肋间外肌舒张，由肺和胸廓的弹性回缩与重力作用，使得胸腔缩小，形成呼气。

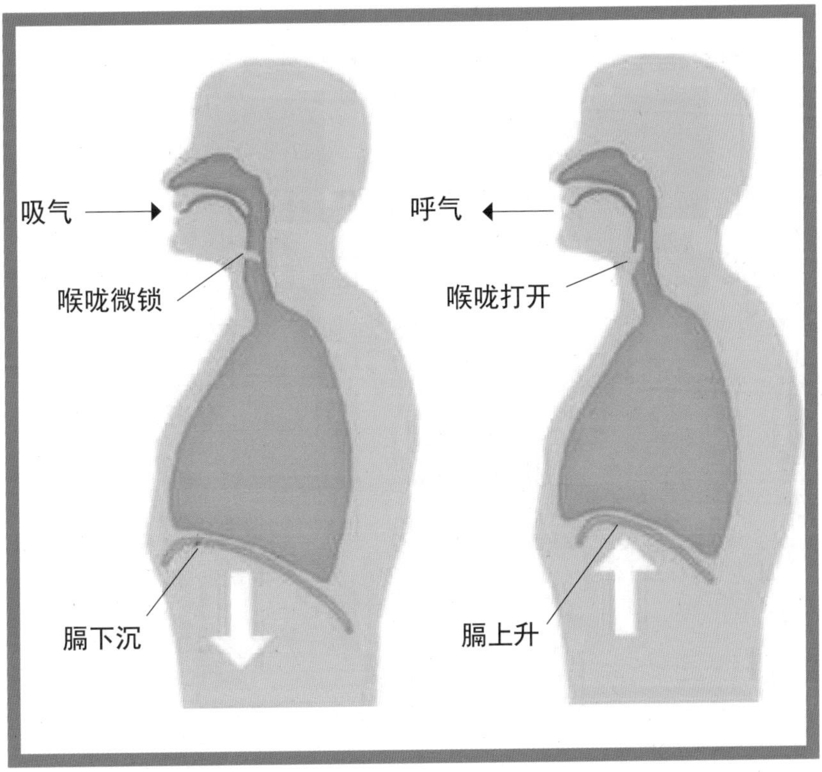

如“韦驮献杵第三势（掌托天门势）”中双手向上伸举时，胸廓会随着双臂的伸举而逐渐扩张。由于胸廓的扩大，胸膜腔负压升高，肺内压低于大气压，此时就要顺应胸廓的扩张动作而被动地自然吸气。双手下落时，两臂用力随之下落，胸肌、背阔肌、腹肌、肋间内肌、胸锁乳头肌以等动力量收缩，胸廓随两臂用力下落而缩小，胸内压上升被迫呼气，此时，自然状态下的呼气肌因功法动作的要求变被动呼气为主动呼气，其肌力和其他呼吸肌力在各种动作的反复习练中得到增强。

再如“九鬼拔马刀势”中两臂缓慢后展扩胸，同时肩上手臂充分上领，这时同侧的固有吸气肌和辅助吸气肌呈尽力收缩状态，使该侧胸廓肋骨充分上提，增大该侧胸腔的上下径和前后径，造成了胸腔负压升高，形成被动自然吸气。另一侧肩下手臂因充分后伸，并作扩胸向后摆肘，致使该侧肋骨上提，在一定程度上扩大了该侧胸腔的上下径和前后径，而被动吸气。在含胸合肘时，由于呼气肌的肋间内肌和腹肌收缩，促使原本充分上提的肋骨转向充分地下降，造成胸腔容积缩小，胸腔内气压增高，而形成与平静呼吸状态下相反的主动呼气。

这种随肢体动作的变化而自然呼吸的方法，不仅有利于呼吸肌舒缩力和耐受力的增长，同时因为呼吸肌舒缩柔韧度的提高，对肺泡的更多开放和肺脏的伸缩弹性也都有着良好的影响。

四、注重脊柱的旋转屈伸

人体整个躯干中脊柱是关键，它具有支撑身体、保护脊髓及神经根的作用。脊柱旋转屈伸，不仅能整理脊柱各椎体关节的排列，还能使脊柱周围的肌肉受到挤压，对脊柱神经甚至整个神经系统都有良好的放松效果，有助于减轻疲惫和焦虑；同时，脊柱旋转屈伸使肝脾得到滋养、两肾得到按摩，从而增强其控制和调节功能。易筋经的动作比较注重脊柱的旋转屈伸，如“九鬼拔马刀势”中腰带动身体向左右转动的动作，即脊柱左右旋转屈伸；“掉尾势”中头部及肩部带动两臂向左右扭转动作，同样也是脊柱的一个旋转屈伸。

五、用力适度，循序渐进

由于习练者的年龄、性别、职业和健康状况各不相同，并且病因、病机也不一样，因此，在习练时可根据自己的实际情况用力、发力，同时还应该遵循由易到难、由浅到深、循序渐进的原则。如“韦驮献杵第二势（横担降魔杵势）”中提踵幅度、“出爪亮翅势”中推掌力度、“三盘落地势”中下蹲幅度、“打躬击鼓势”中前屈幅度等，均要因人而异、以人为本、循序渐进地选择及习练，不要有争强好胜之心，不要与别人攀比，不要追求动作的标准和统一。习练是为了自己的身体健康，而不是为了给别人看的，随着习练的深入，动作会自然达到标准和统一。

基本手型	基本步法	动作图解

动作连贯、舒展连绵、刚柔相济、呼吸自然、以形导气、意随形走。

第四章 易筋经动作讲解

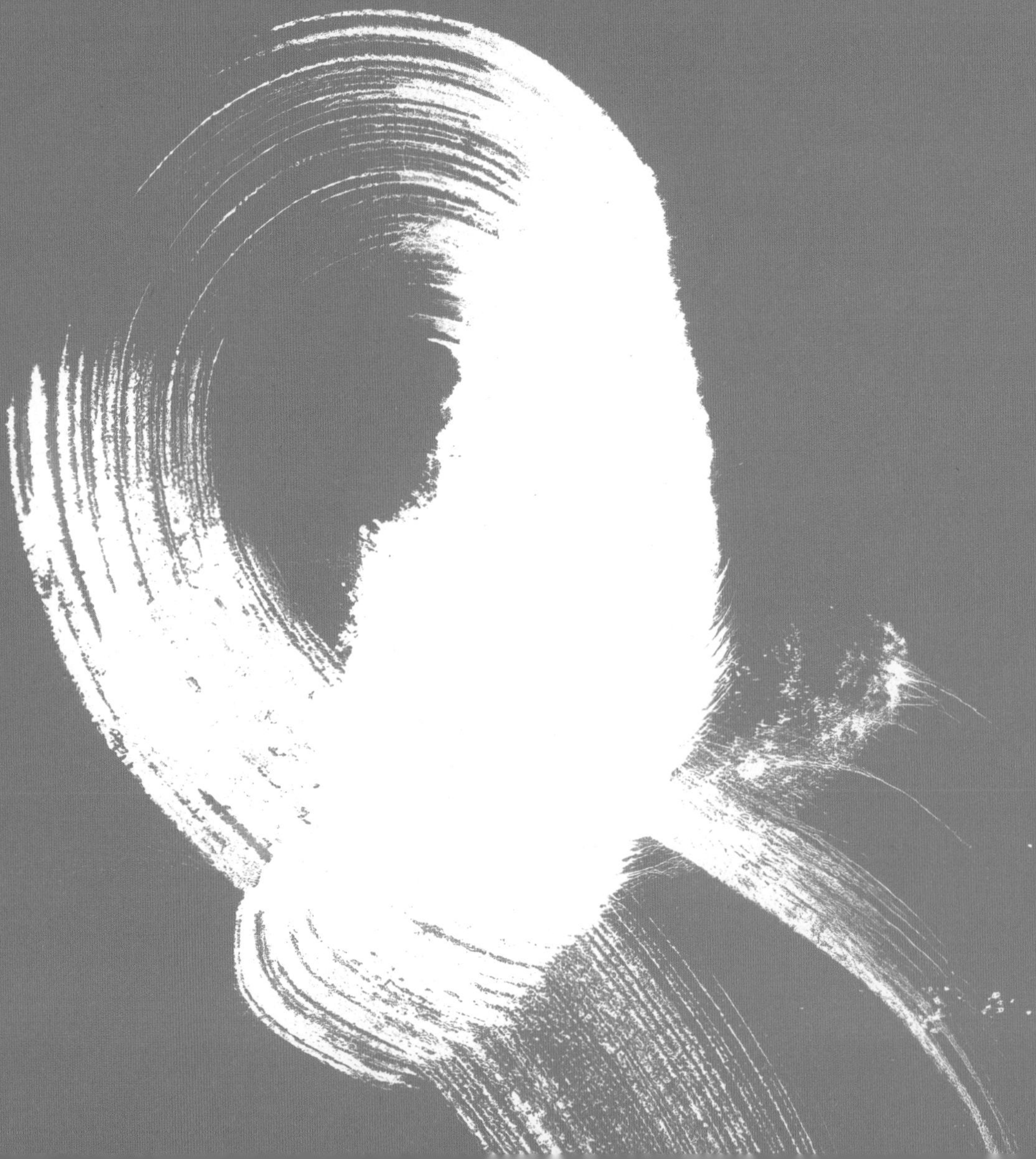

一、基本手型

1. 金刚拳（握固）

图1

图1

大拇指内扣压于掌心（劳宫穴），其余四指卷曲握实。

2. 透风掌

图 2

图 2
五指伸直，用力张开。

3. 般若掌

图 3

图 3
五指伸直，并拢。

4. 青龙探爪

图 4
掌心内凹，五指分开，内收。

图 4

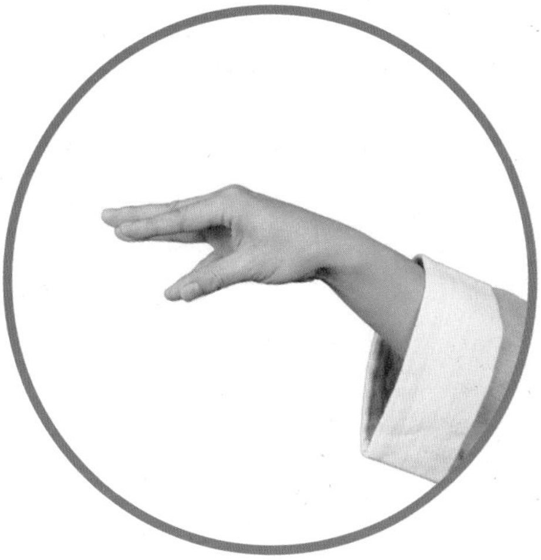

5. 虎爪

图 5
五指撑抓分开，虎口撑圆，第一、二指关节弯曲内扣。

图 5

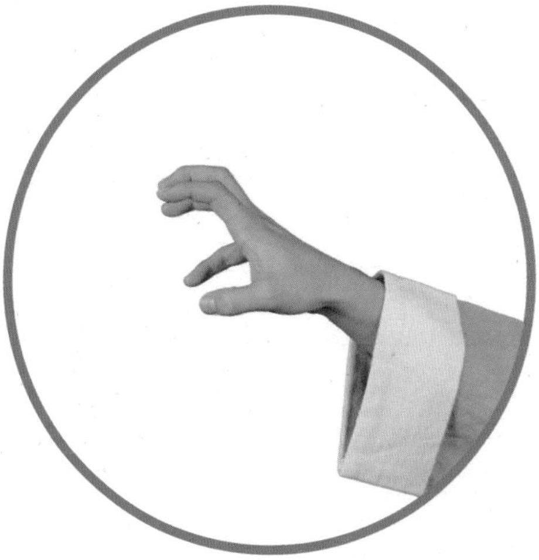

二、基本步法

1. 弓步

图 6

图 6

两腿前后分开约两肩距离，前腿屈膝前弓，大腿与地面接近水平，脚尖朝前内扣，后腿自然伸直，脚掌着地，脚跟蹬地，脚尖内扣。

2. 马步

图 7

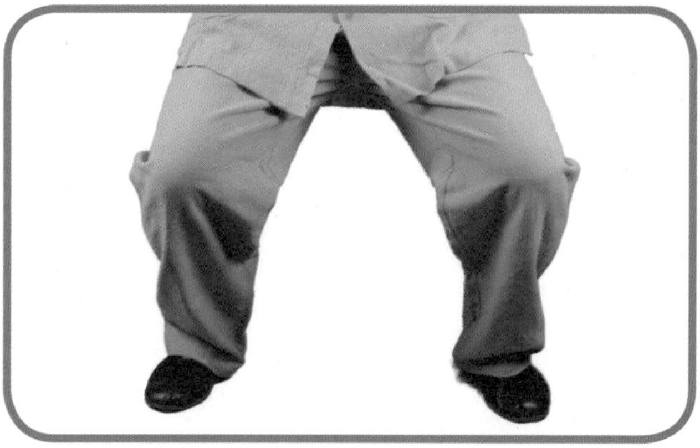

图 7

屈膝半蹲，两脚分开，略宽于肩，尾闾下沉，两脚尖朝前。

3. 丁字步

图8、图9

两腿伸直，两脚呈『丁』字站立。

图8

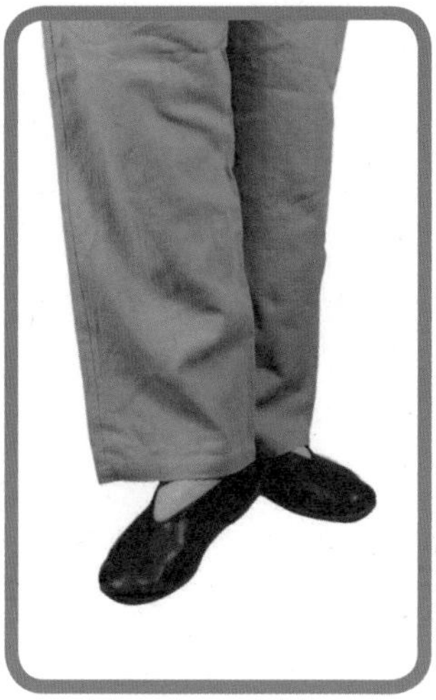

图9

三、动作图解

1. 韦驮献杵第一势

图 10

图 11

图 12

图 10

两腿并拢，两手自然垂于体侧，下颌微收，百会虚领，唇齿合拢，舌自然平贴于上腭，目视前方。要求全身放松，身体中正，呼吸自然，目光内含，心平气和。

图 11

左脚开立，与肩同宽，松腰沉髋。

图 12

提气提肛，两臂打开内旋，手掌与手腕成 90°夹角，掌心朝下，指尖朝内，目视前下方。

图 13

两臂外旋至指尖朝上，坐腕。

图 14

呼气下沉，双腿微屈，两臂内合，大臂贴于身体，两手外旋翻掌，掌心朝上，大拇指压于掌心（劳宫穴）。

图 13

图 14

图 15

身体右倾，双手握固，成金刚拳，咬牙，舌顶上腭，双腿用力。

图 16

缓慢吸气，重心右移，左臂内旋上提，身体随左臂微提，右臂内旋下落，目视右下方。

图 15

图 16

图 17 重心回正，左拳于体前下落，右臂内旋上提，与肩平行，目视左下方。

图 18 吸气鼓腹，下肢不动，身体左转，重心下沉，成马步，含胸拔背，双拳内旋于胸腹前，手背相对，目视左下方。

要点提示

两拳内收于胸前时，勿耸肩抬肘或过度松肩坠肘。

养生作用

两腿并拢，可以使肾经和阴跷脉紧密接合，对培补肾气有特殊作用，并且两腿并拢，两手自然垂于体侧，使周身气机容易形成一个整体。百会虚领，配合下颌微收使头部得以中正，同时因百会虚领，颈椎自然松开而有上拔之意，督脉之气随之上升，而下颌微收，使任脉之气自然下降。舌抵上腭，俗称“搭鹊桥”，有利于任督二脉连接而促使气机的升降。握拳时手扣劳宫穴，有助于通畅手厥阴心包经，起到调心去火的作用。

2. 韦驮献杵第二势（横担降魔杵势）

图 19

两腿并拢，两手自然垂于体侧，下颌微收，百会虚领，唇齿合拢，舌自然平贴于上腭，目视前方。要求全身放松，身体中正，呼吸自然，目光内含，心平气和。

图 20

左脚开立，与肩同宽，松腰沉髋。

图 21

双臂于体前交叉，双手握固，尾闾下沉，成马步，目视前下方。

图 19

图 20

图 21

图 22

图 23

图 24

图 25

图 22

展肩合肘，夹紧身体，小臂外旋，拳变掌，十指分开，掌心朝上，目视前方。

图 23

双臂外展至身体两侧，身体微后倾，双手指尖朝外，与肩持平，收下颌，目视前下方。

图 24

双手向大拇指方向旋转至掌心朝外。

图 25

吸气鼓腹，咬牙怒目，上提脚跟，双掌外撑，与肩平齐，撑拉颈椎，目视前方。

要点提示

双掌外撑时勿耸肩，并且不要高于肩膀。

养生作用

通过扩展胸部，畅通心肺之气，改善呼吸功能，加强气血运行。中医认为，心主血脉，心有所主，输血于脉，血液充盈，血行正常，则面色红润光泽，脉象和缓有力，胸部舒畅。因此，此动作对于心脏部位的病变，如血流受阻、气滞血瘀为主导致的心前区憋闷等，具有改善效果。

3. 韦驮献杵第三势（掌托天门势）

图 26

图 26

两腿并拢，两手自然垂于体侧，下颌微收，百会虚领，唇齿合拢，舌自然平贴于上腭，目视前方。要求全身放松，身体中正，呼吸自然，目光内含，心平气和。

图 27

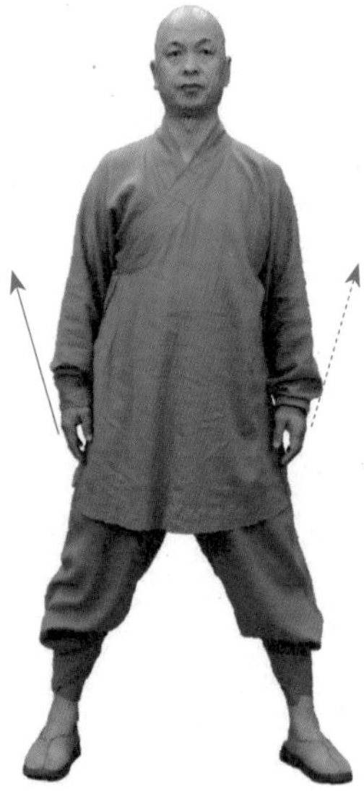

图 28

图 27

左脚开立，与肩同宽，松腰沉髋。

图 28

双臂于身体两侧打开上举，与肩平齐，十指张开，指尖朝上，掌心朝外，目视前下方。

图 29

俯身屈膝，弓腰拔背，双臂缓落撑圆，呈抱石状，目视下方。

图 30

吸气提肛，拔背上提，双膝缓慢立起，双手内合抱于胸腹前，双臂持力，目视前下方。

图 29

图 30

图 31

身体右倾，重心右移，屈肘于胸前，双掌外翻，掌心朝下。

图 32

仰头看天，双手向上翻掌，掌心朝上。

图 31

图 32

图 33

重心回正上提，双掌用力向上托。

（图 32、图 33 动作连做 3 遍，双掌上托时配合吸气，下落时配合呼气。）

图 34

吸气鼓腹，双腿挺直，双掌用力缓慢上托至头顶上方，双臂伸直，顶天立地，意注两掌。

要点提示

两掌上托时，手臂伸直，不要屈肘，意注两掌。

养生作用

通过上肢撑举的动作导引，可调理三焦之气。习练者通过双手的上托，既可以牵引手少阳三焦经络之气，又对三焦的膜腔进行抻拉运动，以发动少阳之气，促进气血的运行。这有助于通畅手少阳三焦经，使全身的脏腑气机协调通畅，并对其相应的脏腑进行“按摩”，以激发五脏之气，增强脏腑功能。

4. 摘星换斗势

图35

两腿并拢，两手自然垂于体侧，下颌微收，百会虚领，唇齿合拢，舌自然平贴于上腭，目视前方。要求全身放松，身体中正，呼吸自然，目光内含，心平气和。

图36

左脚开立，与肩同宽，松腰沉髋。

图37

双臂于身体两侧打开上举，与肩平齐，十指张开，掌心朝前。

图35

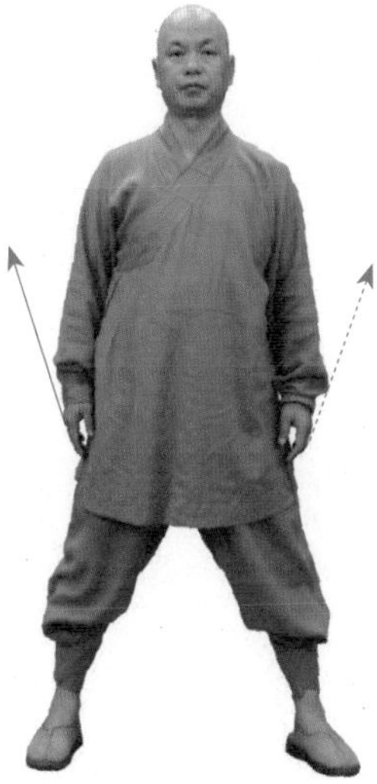

图36

图37

图 38

图 39

图 38

身体左转，右臂经体侧上摆至头顶上方，手心朝上，左臂经体侧下摆至左髋后侧，掌心朝下，目视左下方。

图 39

身体向左扭转俯身，左手背贴于后腰命门穴，右手向左侧画弧，掌心朝左，拉直背部。

图 40

图 41

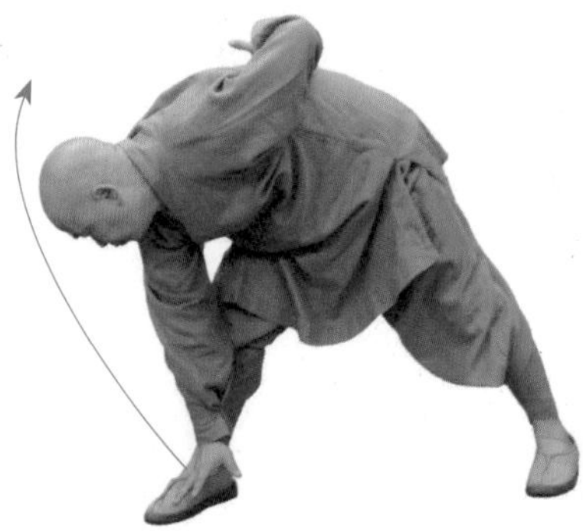

图 40

向下俯身，左手保持贴于后腰命门穴，右手向左脚方向画弧缓落。

图 41

右手从左脚经体前画弧至右脚外侧，身体随之右转，重心由左至右，眼随手走。

图 42

身体从右前方起身后仰，右手自右脚外侧随身体向上画弧至头顶右上方，松腕，肘微屈，掌心朝下，垂直于右肩髃穴，目视右掌心。

图42　　背视图

图 43

身体回正，双腿伸直，双臂回收于身体两侧，与肩平齐，十指张开，掌心朝前，目视前方。

图43

图 44

身体右转，左臂经体侧上摆至头顶上方，手心朝上，右臂经体侧摆至右髋后侧，掌心朝下，目视右下方。

图 45

身体向右扭转俯身，右手背贴于后腰命门穴，左手向右侧画弧，掌心朝右，拉直背部。

图 44

图 45

图 46

向下俯身，右手保持贴于后腰命门穴，左手向右脚方向画弧缓落。

图 47

左手从右脚经体前画弧至左脚外侧，身体随之左转，重心由右至左，眼随手走。

图 46

图 47

图48 身体从左前方起身后仰，左手自左脚外侧随身体向上画弧至头顶左上方，松腕，肘微屈，掌心朝下，垂直于左肩髃穴，目视左掌心。

要点提示

左右臂动作要协调，双目上视时，不要挺腹。

养生作用

双手擎天上举，对手太阴肺经的原穴太渊穴、手厥阴心包经的原穴大陵穴、手少阴心经的原穴神门穴起到按摩作用，有助于强心益肺，收到“筋弛者易之以和”的功效。“鼻端吸气频调息”可以除风、寒、湿、燥、火。

5. 倒拽九牛尾势

图 49

图 50

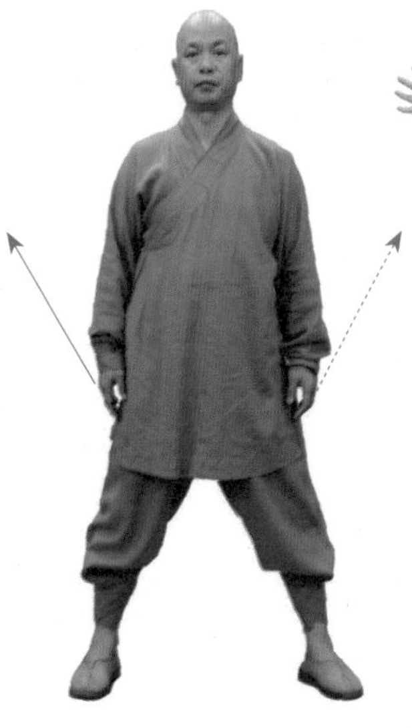

图 51

图 49

两腿并拢，两手自然垂于体侧，下颌微收，百会虚领，唇齿合拢，舌自然平贴于上腭，目视前方。要求全身放松，身体中正，呼吸自然，目光内含，心平气和。

图 50

左脚开立，与肩同宽，松腰沉髋。

图 51

双臂于身体两侧打开上举，与肩平齐，十指张开，掌心朝前。

图 52

双腿微屈，重心右移，左脚提踵内收，左手下落，右手上摆并掌心朝左，目视前下方。

图 53

左脚向左侧迈开，成马步，双手握固，裹肩内合蓄力，左臂屈肘内收，大小臂贴合，肘尖朝下，拳面朝上，拳眼朝外，于胸前外旋，右臂外裹，平齐于肩，拳眼朝内。

图 54

重心由右至左，以腰带肩，以肩带臂，左拳向左前方内旋冲出，右拳向后下方拧动，脚趾用力抓地。

图 52

图 53

图 54

图 55

图 56

图 55

右脚蹬地，髋部左转，成左弓步，左拳内旋冲出直到手臂伸直，右拳向右后方拧动，目视前方。

图 56

拧腰右转，双臂伸直，双拳变掌，十指张开，双手外旋，目视右下方。

图 57

图 57

吸气鼓腹，咬牙，舌抵上腭，拧腰左转，右脚蹬地，双手握固，以腰带肩，以肩带臂，双臂向身体方向扭转回拽，右拳紧贴腰背，左臂屈肘收于胸前，目视前方。（图 56、图 57 动作连做 3 遍，双臂回拽时配合吸气。）

图 58

呼气收腹，双拳分别向左、右两侧放松并缓慢伸开。

图 59

身体回正，双臂于身体两侧展开伸直，与肩平齐，五指张开，掌心朝下，目视前下方。

图 58

图 59

图 60

双腿微屈，重心左移，右脚提踵内收，右手下落，左手上摆并掌心朝右，目视右下方。

图 60

图 61

右脚向右侧迈开，成马步，双手握固，裹肩内合蓄力，右臂屈肘内收，大小臂贴合，肘尖朝下，拳面朝上，拳眼朝外，于胸前外旋，左臂外裹，平齐于肩，拳眼朝内。

图 61

图 62

左脚蹬地，重心右转，成右弓步，右拳内旋冲出直到手臂伸直，左拳向左后方拧动，目视前方。

图 63

拧腰左转，双臂伸直，双拳变掌，十指张开，双手外旋。

图 62

图 63

图 64

吸气鼓腹，咬牙，舌抵上腭，拧腰右转，左脚蹬地，双手握固，同时以腰带肩，以肩带臂，向身体方向扭转回拽，左拳紧贴腰背，右臂屈肘收于胸前，目视右拳方向。（图 63、图 64 动作连做 3 遍，双臂回拽时配合吸气。）

图 64

要点提示

以腰带肩，以肩带臂，两臂屈拽用力时不要僵硬，同时充分旋拧。

养生作用

下盘为弓步，运气两膀用力，握拳牵拉后拽，相互拧转，有助于刺激手三阴、手三阳经的井穴，促进气血的流通，并增强下肢力量，以及膝关节、踝关节的灵活性。

6. 出爪亮翅势

图 65

图 66

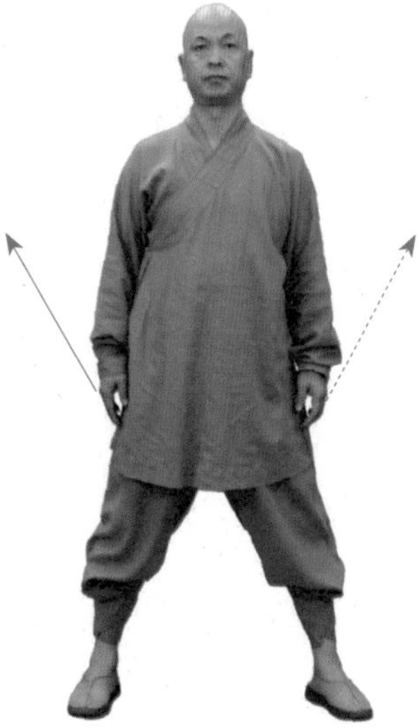

图 67

图 65

两腿并拢，两手自然垂于体侧，下颌微收，百会虚领，唇齿合拢，舌自然平贴于上腭，目视前方。要求全身放松，身体中正，呼吸自然，目光内含，心平气和。

图 66

左脚开立，与肩同宽，松腰沉髋。

图 67

双臂于身体两侧打开上举，与肩平齐，十指张开。

图 68

身体右转，两臂后摆，目视右下方。

图 68

图 69

双腿微屈，重心下移，双手从后背经腰间两侧穿出，掌心朝上。

图 70

咬牙怒目，身体回正，双手翻掌，掌心朝前，目视前方。

图 69

图 70

图 71

吸气鼓腹，重心上提，双手用力向前推掌，十指张开，力达掌根。（图 70、图 71 动作连做 2 遍，共推掌 3 次，推掌时配合吸气，收掌时配合呼气。）

图 71

图 72

呼气收腹，马步下沉，双掌回收于胸前，身体向右后方微侧。

图 73

吸气鼓腹，身体回正，双手再次用力向前推掌。

图 72

图 73

要点提示

呼吸自然，两掌前推时十指用力。

养生作用

“出爪”能对太渊穴、大陵穴、神门穴、合谷穴、阳池穴、腕骨六原穴产生良性刺激，有助于强心益肺、润肠化结、通调三焦。“怒目”有助于疏通肝郁，增强体力。同时，通过推掌展臂，反复启闭云门、中府等穴，以宣畅肺气，促进外界自然之气与人体真气在胸中交汇融合，并引导全身气机的开合出入。

7. 九鬼拔马刀势

图 74

图 75

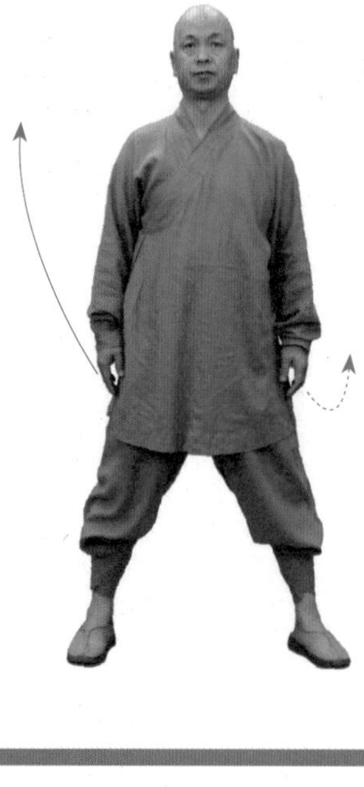

图 76

图 74

两腿并拢，两手自然垂于体侧，下颌微收，百会虚领，唇齿合拢，舌自然平贴于上腭，目视前方。要求全身放松，身体中正，呼吸自然，目光内含，心平气和。

图 75

左脚开立，与肩同宽，松腰沉髋。

图 76

右手于身体右侧上举，掌心朝前，左手向身体左后方摆动，掌心朝后。

图77

双臂屈肘，右小臂置于后脑玉枕穴，右手提拉住左耳郭，左手手背贴于后腰命门穴。

图78

屈膝拧腰，腰部带动身体向左后方转动，低头，眼睛看向右脚跟方向。

图79

以髋为轴，俯身转动至身体回正，右手持续提拉耳郭，目视下方。

图77

图78

图79

图 80

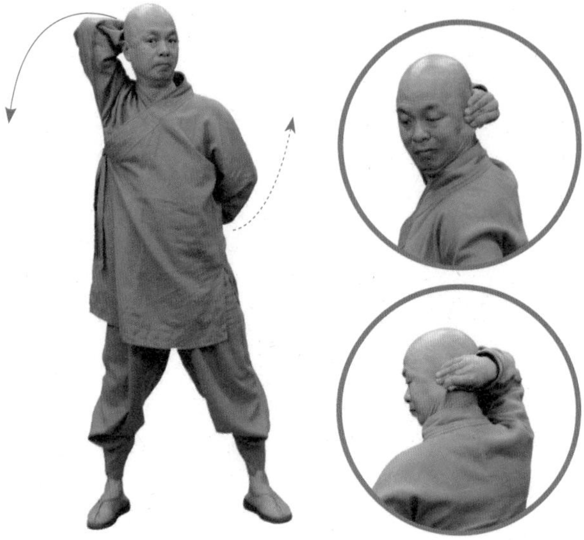

图 80

双腿伸直，腰部立起，抬头，目视前方。

图 81

图 81

双臂展开于身体两侧，与肩平齐，十指张开，掌心朝前，目视前下方。

图 82

双臂屈肘，左小臂置于后脑玉枕穴，左手提拉住右耳郭，右手手背贴于后腰命门穴。

图 83

屈膝拧腰，腰部带动身体向右后方转动，低头，眼睛看向左脚跟方向。

图 84

以髋为轴，俯身转动至身体回正，右手持续提拉耳郭，目视下方。

图 82

图 83

图 84

图 85

图 85 双腿伸直，腰部立起。

要点提示

屈膝合臂时，身后之臂保持紧张状态，头部左右转动时幅度适中。

养生作用

左右抱头可对大椎穴、定喘穴产生良性刺激，可退热止疟，防治感冒、咳嗽、哮喘等。

8. 三盘落地势

图 86

两腿并拢，两手自然垂于体侧，下颌微收，百会虚领，唇齿合拢，舌自然平贴于上腭，目视前方。要求全身放松，身体中正，呼吸自然，目光内含，心平气和。

图 87

左脚开立，与肩同宽，松腰沉髋。

图 86

图 87

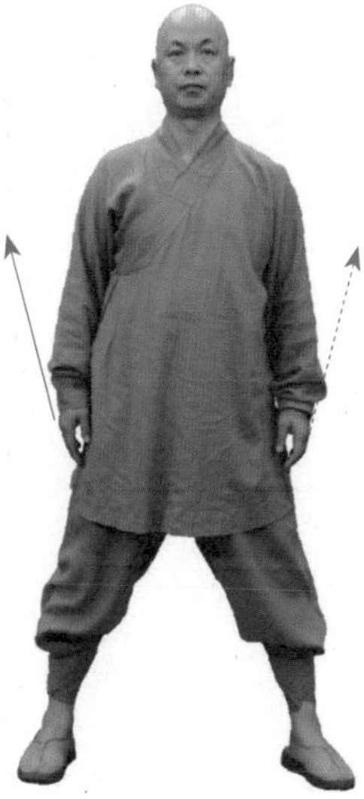

图 88

图 88

双臂于身体两侧打开上举，与肩平齐，掌心朝上。

图 89

图 90

图 89

双臂于胸前交叉，十指张开，掌心朝上，含胸拔背，双腿微屈，目视前下方。

图 90

张目咬牙，大臂不动，小臂向两侧打开至平行。

图 91

身体右倾，重心右移，两手握固，双臂外拨，吸气鼓腹。

图 92

两拳分别自腋下后穿，目视右下方。

图 91

图 92

图 93

咬牙，拳背贴于身体由腋下到后腰摩运，身体随之左转，同时重心缓慢下沉，呼气收腹，目视前下方。

图 93

图 94

图 95

图 96

图 94

吸气鼓腹，上体向右旋转，拳背贴于身体由后腰向上摩运至腋下，目视右下方。

图 95

咬牙，拳背贴于身体由腋下到后腰摩运，身体随之左转，同时重心缓慢下沉，呼气收腹，目视前下方。

图 96

上肢体向右旋转，拳背贴于身体由后腰向上摩运，重心上移，吸气鼓腹，目视右下方。

图 97 咬牙，身体回正，成马步，拳背贴于身体由腋下到后腰摩运，呼气收腹，目视前下方。

图 97

要点提示

下蹲时，腰髋保持紧张状态，不宜放松。

养生作用

通过下肢的屈伸活动，来锻炼腿部肌肉，增强下肢力量。双拳贴于后背上下摩运，能起到强腰固肾的作用。

9. 青龙探爪势

图 98

图 99

图 100

图 98

两腿并拢，两手自然垂于体侧，下颌微收，百会虚领，唇齿合拢，舌自然平贴于上腭，目视前方。要求全身放松，身体中正，呼吸自然，目光内含，心平气和。

图 99

左脚开立，与肩同宽，松腰沉髋。

图 100

双腿微屈，重心右移，左脚提踵内收，左手画弧上抬至头顶上方，右手收于腰间，身体右转，目视右下方。

图101

图102　图103

图 101

左脚向左侧迈步回落，左手斜拉至右腰处，掌变龙爪，目视前下方。

图 102

身体左转，面向左侧，左手拉回左腰，右手自腰间向左上方探爪抓击，重心上移，目视右手。

图 103

身体右转，右手斜拉至左腰处，重心下移，目视右下方。

图 104

身体右转，面向右侧，右手拉回右腰，左手自腰间向左上方探爪抓击，重心上移，目视左手。

要点提示

伸臂探爪时动作要自然流畅，意注爪心。

养生作用

转身、探爪的动作，使两肋松紧开合，达到疏肝理气、畅通气血的效果，同时也能增强肩、背、腰部以及下肢的活动功能。

10. 卧虎扑食势

图 105

图 105

两腿并拢，两手自然垂于体侧，下颌微收，百会虚领，唇齿合拢，舌自然平贴于上腭，目视前方。要求全身放松，身体中正，呼吸自然，目光内含，心平气和。

图 106

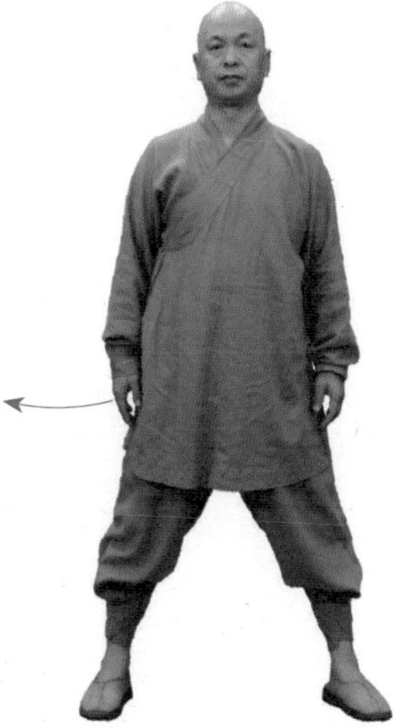

图 107

图 106

左脚开立，与肩同宽，松腰沉髋。

图 107

身体微右转，重心右移至右腿，左脚尖点地，双手于身体右侧变虎爪，目视右下方。

图 108

图 108

双手于体侧抬起画弧至头顶，后转身 180°，重心左移，目视前方。

图 109

图 110

图 109

双手由头顶向前方抓扑，眼随手走，目视出爪方向。

图 110

转身，重心回落右腿，右腿微屈，左脚提踵点地，双手向下画弧至胸前，目视右下方。

图 111

转身，重心左移，左脚向左跨步，成左弓步，双手用力向前推抓，同时发『哈』音，双眼怒睁，目视出爪方向。

图 112

身体微左转，重心左移至左腿，右脚尖点地，双手于身体左侧变虎爪。

图 113

双手于体侧抬起画弧至头顶，后转身 180°，重心右移，目视前方。

图 111

图 112

图 113

图 114

图 114

身体右转，双手由头顶向前方抓扑，眼随手走，目视出爪方向。

图 115

图 116

图 115

重心回落左腿，双手向下画弧至胸前。

图 116

右脚向前跨步，成右弓步，双手用力向前推抓，同时发『哈』音，双眼怒睁。

要点提示

做虎爪时，手指用力，不可忽略“哈”音。

养生作用

口吐“哈”音，使体内真气在胸腹间相应地升、降，能够彻底排除体内浊气和胃里的胀气，从而舒畅心情，改善心肺功能。

11. 打躬击鼓势

图 117

图 118

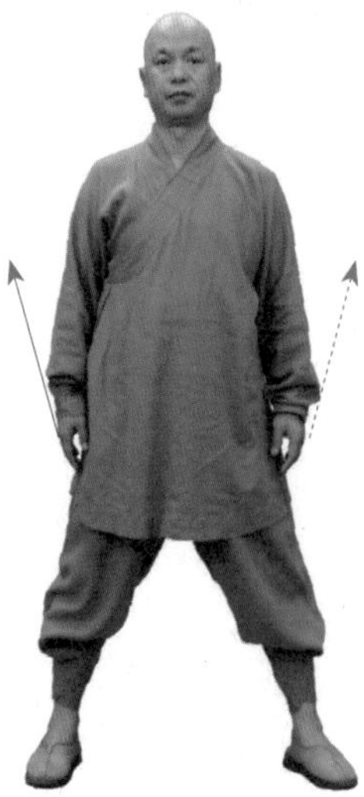

图 119

图 117

两腿并拢，两手自然垂于体侧，下颌微收，百会虚领，唇齿合拢，舌自然平贴于上腭，目视前方。要求全身放松，身体中正，呼吸自然，目光内含，心平气和。

图 118

左脚开立，与肩同宽，松腰沉髋。

图 119

两手于体侧打开，上摆至侧平举，然后两掌掩耳，十指扶按枕部，指尖相对。

图 120

双手以食指弹拨中指，击打耳后风池穴和风府穴，目视前下方。

图 121

身体前俯，从头部经颈椎、胸椎、腰椎至骶椎逐节缓慢前屈，两腿伸直，手指继续弹拨击打耳后风池穴和风府穴，目视下方。

图 122

缓慢起身，从骶椎经腰椎、胸椎至颈椎逐节提起，头不抬起，手指继续弹拨。

图 120

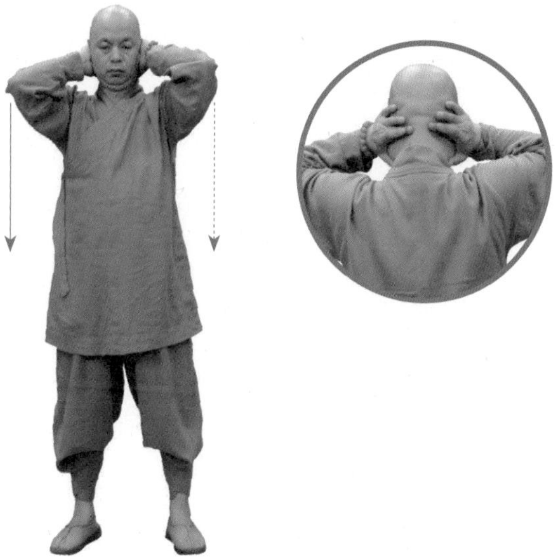

图 121

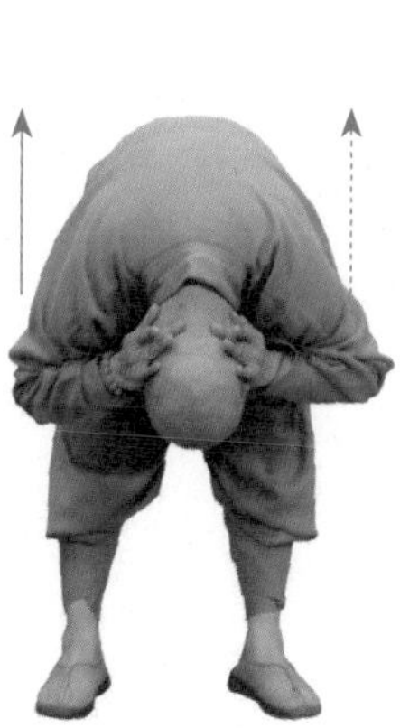

图 122

图 123

图 123 头部抬起，提拉颈椎（连做 3 遍），目视前方。

要点提示

体前屈时，两腿伸直，脊柱自颈椎向前拔伸。起身时，从骶椎向上逐节伸展。

养生作用

“鸣天鼓”是在封闭人体耳部对外的听觉以后进行叩击，通过叩击之声对听觉系统进行内部振动，从而刺激周围穴位。这样不但可消除大脑疲劳，还具有醒脑、聪耳的功效。身体前屈，可对督脉、膀胱经脉、命门穴和肾俞穴等产生良性刺激，这些经脉、穴位皆与肾相通，有助于改善生殖泌尿系统功能。

12. 掉尾势

图 124

两腿并拢，两手自然垂于体侧，下颌微收，百会虚领，唇齿合拢，舌自然平贴于上腭，目视前方。要求全身放松，身体中正，呼吸自然，目光内含，心平气和。

图 124

图 125

左脚开立，与肩同宽，松腰沉髋。

图 125

图 126

图 126

双臂于身体两侧打开上举，与肩平齐，十指张开，掌心朝前。

图 127

图 128

图 127

双臂继续上举至头顶伸直，掌心相对，目视双手。

图 128

双手相合于胸前，尾闾下沉，双腿弯曲成马步，目视前方。

图 129

吸气鼓腹，以肩部带动两臂向左后方扭转，臀部向左前方顶出，目视尾闾。

图 130

身体回正，呼气收腹，目视前方。

图 129　　背视图

图 130

图 131

背视图

图 132

图 131

吸气鼓腹，以肩部带动两臂向右后方扭转，臀部向右前方顶出，目视尾闾。

图 132

身体回正，呼气收腹，目视前方。

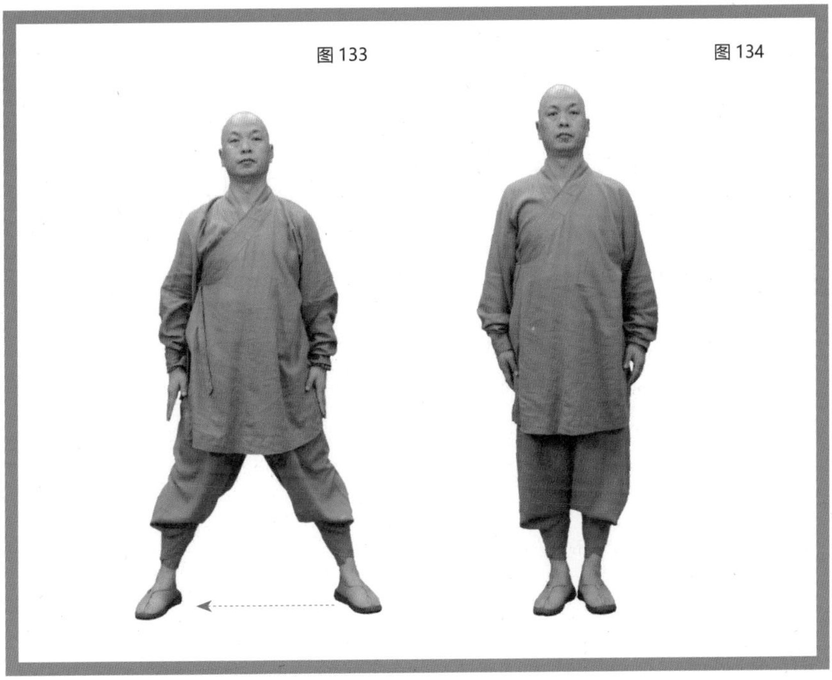

图133 双腿缓慢直立，双手回落，放于双腿外侧风市穴上。

图134 左腿收回，全身放松，呼吸自然，目视前方。

要点提示

马步高度适中，不可过高或过低。摇头摆臀时，保持重心，不可左右移动。

养生作用

“掉尾势”以头顾尾的运动对于人体腰部命门穴及下行到尾骨、上行到颈部都有着良好的锻炼效果，这种方式不仅对肌肉和关节进行活动，而且对人体内在的任督二脉也同样进行刺激，以目视尾，头尾相应，丹田为中心，阴阳之气归于丹田，从而起到固本培元的养生作用。

四、完整示范

为方便习练者学习，本书在分解教学后特别提供了连贯的完整动作示范，扫码即可观看。

要点提示

习练前做到全身放松、内心平静、意识集中；练习过程中，注意呼吸与动作之间的配合，同时根据个人状态选择适合自己的力度和幅度，不要刻意追求标准。

五、定势图

1. 韦驮献杵第一势

2. 韦驮献杵第二势
（横担降魔杵势）

3. 韦驮献杵第三势
（掌托天门势）

4. 摘星换斗势

5. 倒拽九牛尾势

6. 出爪亮翅势

7. 九鬼拔马刀势

8. 三盘落地势

9. 青龙探爪势

10. 卧虎扑食势

11. 打躬击鼓势

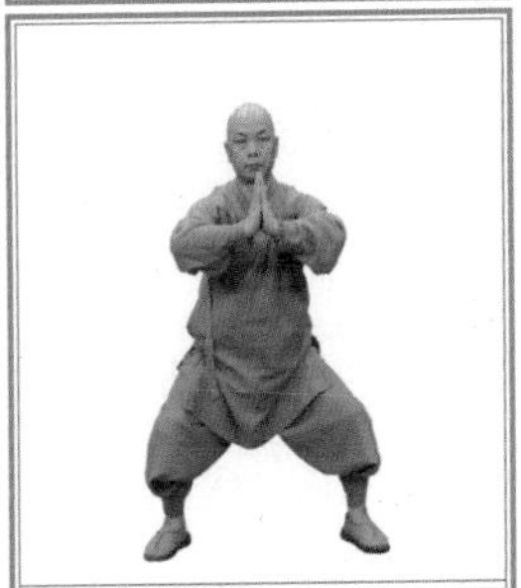
12. 掉尾势

晨起、刷牙、梳头……疾病追着节气走。

附录

养生知识

日常养生小常识

1. 晨起

起床前赖床 5 分钟，先伸一个懒腰，舒展身体各部位关节，再闭目及叩齿 36 下，有利于健齿明目。

2. 刷牙

伴随刷牙的节奏，将脚跟抬起、落下，做反复运动，既可使脚踝得到锻炼，又可防止小腿脂肪的积聚。

3. 梳头

梳头时尽可能将胳膊向上抬，既可避免肩胛骨突出，又有利于塑造身体曲线美。同时，缓慢而有序地梳理头发，可促进脑部的血液循环，使大脑清醒。

4. 走路

步行时应直背挺胸，以增强腹肌、舒展颈椎。此法尤其适合长期伏案的脑力劳动者。

5. 乘车

乘车时可做握拳运动，即将拳头迅速握紧，再放松展开，同时转动手腕。此法不仅可改善手指血液循环，还可增强手腕的灵活性。

6. 午休

午休对缓解人体疲劳十分有益，但午休的时间不宜过长，休息前可用手掌按摩腹部，这样有助于消化和防治胃肠疾病。

7. 看电视

看电视时应放松和舒展身体各关节，并且要随时改变看电视的姿势，不宜坐得距电视太近和看得太久。这样可解除疲劳，保护视力。

8. 睡前

睡前可做提肛运动。方法是：心情平静，轻轻提肛，稍停后放松，缓缓呼气。长久坚持，可预防痔疮等疾病。

9. 恪守“九不过”

（1）衣不过暖。穿衣戴帽不要过于暖和，也不要过于单薄，要顺应天时，过暖易感冒，过冷易受寒。

（2）食不过饱。吃饭不要过饱，粗细都要吃，荤素相间；饭前要喝汤。

（3）住不过奢。要随遇而安，居室富丽堂皇易夺心志。

（4）行不过富。只要身体允许，尽量以步代车。如果出门必乘车，日久腿脚就会失去灵便。

（5）劳不过累。劳动的强度要适度，超过负荷量容易造成身体的伤害。每日工作之余适当地散散步、看看报，劳逸结合是必要的。

（6）逸不过安。终日无所事事，不仅会丧失生活情趣，而且也会让能力退化。无论退休在家，还是节假日，都应多活动、勤动脑，如散步、聊天、写字、作画、下棋、看戏等，保持心情舒畅，益于延年增寿。

（7）喜不过欢。人逢喜事精神爽，但是喜不能喜过头，“过喜则伤心”。古人范进中举后变疯，即为过喜所致。

（8）怒不过暴。有不顺心的事、烦恼的事和内心不平衡时不要生气恼怒。怒则伤肝，伤肝就要发病。不要动肝火、发脾气，要有涵养，要乐观处世。

（9）名不过求。生活中不必过于求名，只求坦荡人生，过得怡然自得就好。平平安安，克勤克俭，顺其自然，无欲常乐，活到耄耋。

10. 加强营养有六忌

（1）忌过量吃肉。有的家庭隔三岔五吃炖肉、涮火锅、烤肉串等。从营养学角度看，此举犹如一大群人无序地挤进一扇狭窄的小门，势必造成吸收率下降，而且一次摄入肉类过量还会加重肾脏负担，影响维生素的摄入。

（2）忌只吃鱼肉不吃其他肉。有的家庭因为害怕吃畜类肉会使血脂升高，就单纯食用鱼类。吃鱼虽然可以满足一天的蛋白质需求，但是鱼类中的铁、锌等元素含量不足，长期食用鱼类要适当补铁、补锌。

（3）忌不吃主食。有的人为了减肥不敢吃主食，即便吃，也只是吃如小丸子一般大小的馒头或者米饭。其实，谷类是人体能量的主要来源，应该占膳食结构的50%～60%，不吃或者少吃主食，势必造成能量摄入不足。那么，肉食和其他食品的摄入量反而要增加，脂肪的摄入也随之增加。其实，谷类中的膳食纤维、矿物质和维生素是很多肉类所缺少的，尤其是膳食纤维，对于降低血糖和血脂都有促进作用。

（4）忌单纯食用粗粮。有的老年人为了降血压和血脂，不敢吃馒头和米饭，每餐都以燕麦、土豆和玉米充当主食，这种做法是不科学的。太多杂粮的摄入会干扰人体对蛋白质和铁、锌、钙的吸收，所以要科学食用粗粮，每周吃三到四次就可以了。

（5）忌把牛奶当水喝。有些人喝牛奶有胃肠反应，所以，有胃肠反应的人喝牛奶时应根据自身情况把握好量。正常人把牛奶当水喝是没必要的，每天喝500毫升牛奶完全可以满足补钙需要。二三十岁的年轻人不必服用钙片，完全可以通过食用奶制品补钙。

（6）忌盲目食用保健品。如果不是很偏食，那么就完全没有必要依赖各种各样的保健品补充营养。尽管一些保健品宣传的吸收率看上去很吸引人，但事实上这些片剂进入人体以后，都没有食物在人体中吸收速度快、吸收率高。

11. 疾病追着节气走

一年之中，节气的更替反映气候的变化，对疾病的发生和变化也有不同的影响。

（1）立春前后，是生物激素变化最旺盛的时期，人们过敏性疾病增多，皮肤容易发痒或出现湿疹，鼻炎患者病情加重，人体内血液循环旺盛，易于上火，血压升高，痔疮患者容易发生出血现象。

（2）谷雨到端午节是阳气旺盛的时期，人体头部、胸部血流上冲，不少人会出现心悸、眩晕等症状。

（3）小满、芒种到夏至期间，多是梅雨季节，干燥性皮肤病患者症状会有所改善，湿性皮肤病、风湿热和神经痛患者的病情多数加重。

（4）小暑、大暑到处暑，天气转热，腹泻、痢疾和肠胃病等患者增多，有的人因炎热而中暑。

（5）白露到秋分期间，早晚温差变化大，易引起鼻炎及哮喘。秋季，鼻炎往往会转为哮喘病状。

（6）寒露、霜降到立冬期间，气温逐渐下降，哮喘患者病情会越来越重，慢性扁桃腺炎患者易咽痛，痔疮患者也较前症状加重。

（7）冬至到小寒、大寒，是最冷的季节，心脏病和高血压患者往往会病情加重，中风患者增多；天冷也易冻伤；接近立春时瘙痒症状会加重。

气候变化与人们的身体健康密切相关。人们如能掌握气候变化规律，主动调节衣食住行，适应环境，对增进健康大有好处。